一流のおもてなし術

メートル ドテル
宮崎辰の流儀

シャトーレストラン
ジョエル・ロブション
プルミエ メートル ドテル
宮崎辰
Shin Miyazaki

東京堂出版

はじめに

私は、東京・恵比寿にあるフランス料理のレストランで、お客様にサービスを提供する仕事をしています。私の役職は「メートル ドテル」と呼ばれています。

レストランでは多くのサービスマンが働いています。おそらく一番よく知られているのが「ソムリエ」でしょう。ソムリエは、ワインなどの飲料を専門に担当します。それから、メートル ドテルを補佐する「シェフ ド ラン」、さらにはその人をサポートする人など、それぞれの役割を担う多くのサービスマンが関わって、お客様に最高のひとときを過ごしていただくためにさまざまなサービスを提供しています。

「メートル ドテル」とは、レストランであらゆるサービスに関わるすべての人を率いる責任者のことです。フランス料理のレストランではシェフと並ぶお店の顔です。別の言い方をすると、シェフのつくる最高の料理を、最高のサービスでお客様に提供するのが、メートル ドテルの役割です。

メートル ドテルは、もともとフランスの貴族に仕える執事のような存在でした。当時の貴族は、毎晩のようにたくさんのお客様を招いて宴を開いていました。そこで料理を振る舞っていたのがシェフと呼ばれる人たちで、それとは別に、主人に代わってサービス全般を指揮する役割として、メートル ドテルという職業があったのです。

こうした宴では、貴族の中で最も階級の高い人間が、ナイフを使って肉を切り分け、お客様に振る舞うことが、最高のおもてなしとされていました。自分の屋敷へ招いたときは、その家の主人が肉を切り分けるわけです。それが、途中から主人の代わりにメートル ドテルが行なうようになったといわれています。

肉を切り分ける役割以外にも、招待客の宿泊・移動の手配から、食材の調達、テーブルセッティング、空間の演出、料理のサービス、宴の雰囲気づくりまで、主人の大切なお客様をもてなすためのあらゆる業務を、メートル ドテルが担っていました。

ところが、18世紀末に起こったフランス革命を機に、貴族たちが次々と追放されたため、貴族に仕えていたシェフやメートル ドテルは職を失い、街に出て自分たちのお店を開いたのが、レストランの始まりです。シェフやメートル ドテルという言葉はそのまま使われ続け、現在に至っています。

現在のメートル ドテルも、レストランにいらっしゃるお客様のためのあらゆる業務を担います。

具体的には、事前の電話予約から、当日来店されたときのお迎え、お席へのご案内、オーダーテイク、食事中のサービス、お会計、タクシーの手配、最後のお見送り、さらには宿泊の手配やレストランの予約など、ホテルのコンシェルジュの役割も求められるのです。

このように、メートル ドテルはサービスの司令塔として、レストラン全体を指揮しています。

そんな私の仕事に欠かせないのが、マナーです。

フランス料理には、ご存じのように多くのマナーがあります。

マナーというと、堅苦しい礼儀作法をイメージする人がほとんどだと思います。しかし、実際のマナーはもっと柔軟で流動的なものです。少なくとも、メートル ドテルにとってのマナーは、個々のお客様やそのときの場面・状況に応じて、臨機応変に最良の対応をしていく所作であり、その意味でマナーは生きたものといっていいでしょう。

レストランには、一般的にサービスマナーのマニュアルが用意されています。基礎知識としてそれを身につけておく必要はありますが、とにかく毎日さまざまなお客様が大勢いらっしゃいますので、マニュアルだけではとうてい対応しきれません。なにしろ、マナーは生きたものですから、絶えず変化しています。マニュアルに縛られると、その変化に対応していけないのです。

お客様は一人ひとり個性が異なります。ですから、個々のお客様に応じて、その方に最も適した最高のサービスを提供し、お客様に喜んでいただくことが、マナーの本来の目的といえるのです。

もちろん、通常のマニュアル通りのサービスでも、おそらく多くのお客様は満足してくださると思います。

ですが、私は満足を超えた「感動」を、お客様の心に届けたいと考えています。それを実現するには、マニュアル通りのサービスでは難しいと自分自身の経験上、確信しています。

お客様の満足度を「超不満」「不満」「満足」「そこそこ満足」「大満足」の5段階で評するなら、私はその上にある「感動」を常に目指しています。

「満足」から「感動」へレベルアップするために欠かせないのが、「温もりのあるおもてなし」です。

レストランというのは、基本的に食事をするところですが、そこにさらにサービスマンが「温もりのあるおもてなし」という付加価値をつけ、お客様の気持ちを「感動」の域に導きます。このような経験をされたお客様は、必ずまたそのレストランへ戻ってきてくださることでしょう。

しかし、それで安心してはいられません。そのお客様は、さらなる感動を求めて来店されますから、お迎えするレストランはより高いレベルのサービスをお届けする必要があります。

そして、次に来られたときもまた、感動していただければ、また足を運んでくださる。これを続け、一度ご来店いただいたお客様が生涯通ってくださるレベルにまで達すれば、そこで初めて、超一流のレストラン、超一流のサービスマンと呼ばれるようになるのだと、私は思っています。

基本的にはお客様の心に感動を届けられる人間が、超一流のサービスマンといえるでしょう。

本書では、これまでの私のサービスマンとしての経験に基づく、「一流のおもてなし術」

をご紹介しながら、ビジネスシーンやプライベートなどでも役に立つ「所作のルール」について、お話ししたいと思います。

私がレストランで身につけてきたマナーとは、いずれもマニュアルを読んで覚えたものではありません。レストランの現場で毎日多くのお客様と出会い、さまざまな状況に直面し、ときとしてお叱りを受けたり、また、温かいお言葉をかけていただいたりしながら、一つひとつ身につけてきたものばかりですので、すべてのマナーには、「なぜそのようにするのか」という理由があります。根拠といってもいいでしょう。

すべてのマナーに理由があることがわかれば、マニュアルを丸暗記しなくても自然とマナーは身につき、さらにはあらゆる事態に臨機応変に対応できるようになります。

もちろん、私が経験をもとに身につけたマナーが、すべての人、すべての場面で有効に機能するわけではありません。先にお話ししたように、マナーは常に変化していますから、「必ずこうすればいい」という決まった形はないのです。

たとえば、講演会で話をしたとき、参加者の方から、ご自身の直面したトラブルについて、「こうした場合はどう対応したらよかったのでしょうか」という質問を受けることがよくあります。

しかし、私はその場にいたわけでもなく、そのトラブルの相手を知っているわけでもないので、このような質問はお答えのしようがないのです。そこで、「私だったらこうしますが、そのときの状況によって細かな対応は変わるので、この対応が最良かどうかは、ご自身で判断してください」とお伝えするようにしています。

本書では、私自身が経験したり学んだりしてきたなかで身につけた、メートル ドテルとしての日常の立ち居振る舞いや所作、考え方、コミュニケーション術などを、なぜそのようにするかという理由も含めて、丁寧にご紹介したいと思います。

「なるほど、そういうやり方もあるんだ」

「自分の仕事にも当てはまるなあ」

といったスタンスで読んでいただけると嬉しいです。

本書の中では、「マナー」「所作」「ルール」などの言い方をしていきますが、すべてに共通するのは、「おもてなしの心」「相手に対する心遣い」に基づいたものだということです。

あなたの所作が、相手を幸せな気持ちにする。

「あなたに会えて、よかった」と心から思っていただける。

このような想いから生まれた「一流のおもてなし術」を身につけることで、あなたを取り巻く人間関係がぐっと変わっていくのではないでしょうか。また、その結果仕事も一歩ステップアップするかもしれません。

サービス業の方はもちろん、さまざまな立場、さまざまな職種の方々にとって、本書が毎日の生活を豊かにするヒントとなれば幸甚に思います。

目 次

第1章

第一印象をアップする「身だしなみ」のコツ

目次

第4章

おもてなし：オフィシャル編

目次

第5章 おもてなし：プライベート編

第6章 ワンランクアップの会話のコツ

第7章 心が伝わる、とっておきのコミュニケーション術

第8章

「一流のおもてなし術」を身につけるための心得

第 1 章

第一印象をアップする「身だしなみ」のコツ

おしゃれと身だしなみは違う

私はビジネスシーンでもプライベートでも、人と接するうえで、第一印象をとても大切にしています。人は初対面のときにパッと見た印象で、相手の人となり、あるいは自分との相性などを、ある程度察知すると思っているからです。

第一印象を良くする決め手は、笑顔と身だしなみ——つまり、「見た目」です。

メートル ドテルは、常にお客様から見られているので、身だしなみには気を配る必要があります。どれほど人柄が良くても、服装がだらしなかったり、髪の毛がぼさぼさだったりすると、人柄を知ってもらう前に、お客様の心は離れていってしまうことでしょう。

ビジネスパーソンの中には、

「自分は仕事の内容で勝負しているから、見た目なんか関係ない」

そう考える方もいらっしゃるかもしれません。お気持ちはよくわかります。私も駆け出しの頃、同じように考えていました。

見た目は関係ないと考える人は、２つのタイプに分けられます。ひとつは、見た目にまったく無頓着な人、もうひとつは、見た目を個性的に演出したいタイプの人です。社会人になりたての20歳の頃の私は、後者のタイプでした。

当時、私は髪の毛を少し伸ばして、若者に流行のヘアスタイルをしていました。すると、あるとき先輩から「最近の若い奴は面白い髪型をしてるんだよな」と遠回しに注意されました。お客様の前で仕事をするうえで好ましくないという意味でした。

私としては、仕事はきちんとしているつもりでしたので、髪型くらい好きにさせてほしいと思っていました。そもそも、お客様の前で仕事をしているからこそ、見た目はカッコ良くありたいという意識が強かったのです。そのため、実に生意気な返事をしました。

「ぼくは別に、髪型で仕事をしているわけではありませんから」

その直後、大目玉をくらったのは言うまでもありません。

そのときは理不尽に感じましたが、今は怒られて当然だったと素直に思います。何よりも、髪型にこだわる理由が、自己満足の域を出ていなかったところが問題でした。

当時の私は、おしゃれをすることと、身だしなみを整えることの区別がついていなかったのです。おしゃれというのは、単に自分のテンションを上げるためのものですが、**身だ**

しなみは、周りの人に不快な思いをさせないための社会的なマナーです。

ですから、身だしなみを整えたうえで、おしゃれを楽しむのはいいとしても、身だしなみができていないのに、自分勝手なおしゃれを楽しんでいると、傍目にはだらしなく見えたり、不快感を与えることすらあるでしょう。

20歳の頃の私がまさにそうでした。自分をカッコ良く見せることばかり考えて、お客様からの視点でどう見られるか、という身だしなみの視点が欠けていたのです。同様のことは、見た目に無頓着なタイプの人にも当てはまります。

お客様に対する配慮ができないのは、メートルドテルとしてマナー違反です。

サービス業だけでなく、社会で生きていれば必ず人と関わります。ですから、「見た目なんか関係ない」と言っている人は、自分では気づかないところで周りの人を不快にし、その結果、知らず知らずのうちに損をしている可能性があります。

オフィシャルな場でも、プライベートな場でも、身だしなみをきちっとすることは、社会人としてのマナーです。

身だしなみを整えることの大切さ、そして、それをわきまえたうえでのおしゃれについて、この章では、私の〝見た目〟のこだわりをお話ししたいと思います。

身だしなみは、周りの人に不快な思いをさせないための社会的なマナーです。

服装の乱れは、ビジネスパーソンにとって命とり

私の勤務しているレストランでは、メートル ドテルは制服として黒のスーツを着用しています。

制服というのは、身だしなみを整えるうえで、諸刃の剣のようなところがあります。自分で考えなくても、制服を着ていれば何とか格好がつくという点では、とても便利なアイテムです。しかし一方で、何とかなってしまうがゆえに、うっかりすると身だしなみに無頓着になってしまうのです。

「どうせ制服があるのだから、それを着ていればいい」

そんないい加減な気持ちに陥りやすいのですね。けれども、周りの人は想像以上に厳しくチェックしています。

学生時代、制服で過ごした経験のある人は思い出してください。同じデザインの制服を着ていても、ステキに見える人と、そうでない人がいたはずです。そこにはもちろん、生まれもった顔やスタイルの差もありますが、身だしなみが整っているかどうかも、大きく影響します。**制服という同じ格好をしているからこそ、身だしなみを怠っていると、目についてしまうのです。**

私の職場の場合は、制服の色やデザインは変えようがありませんから、きれいに洗濯されていること、シワがないこと、ほつれがないこと、そうした細かいところにいつも気を配っています。

ワイシャツは、職場で一括してクリーニングに出してもらえるので、それは任せています。一方、スーツは仕事が終わったあと、毎日、消臭スプレーをかけます。定期的にクリーニングにも出しますが、ワイシャツと違って繊細な素材なので、スーツは自宅の近くのクリーニング店へ持っていき、生地が傷まないように特別な仕様で洗ってもらっています。1回1000円くらいですから、自腹であってもその値段で大切なスーツの品質を保てるのであれば、安いものです。常に良い状態のものを身につけることも、メートルドテルとしてのお客様に対する大切なマナーなのです。

そして、毎日出勤したあと、アイロンをぴしっとかけたシャツにネクタイを締め、スーツを着たら、ネクタイが曲がっていないか、ほこりがついていないか、汚れがないか、ボタンのほつれがないかなど、全身をくまなくチェックします。

自分で気づきにくいところは、スタッフ同士でお互いにチェックし合って、完璧な状態でお客様をお迎えします。

高級なスーツでデザインも素敵なのに、シワがあったり、ボタンがひとつでも緩んでいたりすると、非常に気になるものです。もし、自分が食事に行ったレストランのメートルドテルが、そうした身だしなみをしていたら、どれほど料理がおいしくても、残念なイメージが記憶に残ってしまうことでしょう。

どのようなビジネスシーンでも、よれよれのスーツを着ていたり、ワイシャツの袖口が汚れていたりすると、取引先からは確実にマイナス評価となります。少なくとも「また会いたい」という気持ちにはならないでしょう。社内の査定にも影響するかもしれません。

私はプライベートでも、服装については、高価なものを身につけることより、清潔であることや、不作法でないことを重視しています。自宅での服装については後述しますが、周りの人を気遣い、身だしなみに心を配ることは大切です。しかし一方で、プライベートでは自分の好きなものを身につけ、心からくつろげる時間を過ごして明日に備えることも、ビジネスパーソンとして重要だと思います。

服装は、きちんとしていること、清潔であることが第一です。

無難なスーツ姿ならば失礼でない？

ビジネスの場なら、どこへ着ていっても間違いのない「無難な色」というのがあります。黒やグレー、紺、白がそうです。少しくだけた格好をしても、これらの色の服を選んでジャケットをはおれば、人に不快感を与えることはまずないでしょう。

ただし、ビジネス絡みでも、出かける「場」によっては、無難なはずのファッションがアダになることもあります。たとえば、会社帰りにビジネススーツのまま、得意先が主催する少し華やかなパーティなどへ行ったら、まさに「場違い」な人になってしまいます。

「こんな華やかな場に、ビジネススーツ？」

周りの人にそんな印象をもたれたら、これもマナー違反です。無難にスーツを着ることが、周囲の人たちを不快にさせることもあるわけですね。

もちろん、急にパーティへ参加しなければならなくなり、用意が十分にできないこともあるでしょう。そんなときは、ポケットにチーフを入れるなど、アレンジをすることをおすすめします。

先日も、海外の化粧品メーカーが、私の勤務するレストランでパーティを行なったのですが、モデルをはじめ、華やかでおしゃれな方がたくさんいらっしゃいました。みなさん、自分を最大限アピールするようなファッションに身を包んでおられました。

そうした席で、ビジネススーツを着てうろうろしていたりすると、「お店の方ですか？」と勘違いされることが実際にあります。これはとても恥ずかしいことです。

ビジネスなり、パーティなり、プライベートの遊びの場であっても、**何を目的にそこへ**

行くのか、すべて理由を考えて身だしなみを整えることが大切でしょう。

また、アパレル関係の会社の面接に、ビジネススーツを着ていくと、マイナスのイメージがあるという話も聞きます。服装にはその人の個性が出ますから、個性を積極的にアピールしたほうがいい場面には、無難な服装は馴染まないのです。

理由を考えるという意味では、私の勤めるレストランの制服も、以前は店全体がクラシックな雰囲気でしたので、それに合わせてメートル ドテルはみな、黒のタキシードを着ていました。ところが、10年ほど前に現代的な内装にリニューアルしたのを機に、黒のスーツに変わりました。

黒のタキシードでお出迎えすると、それだけで緊張してしまうお客様がいらっしゃいます。せっかく内装を変えたのだから、もっと幅広い層のお客様にリラックスして食事を楽しんでいただこうというコンセプトになり、黒のスーツを着用することになったようです。

「何を目的にそこへ行くのか」を考え、場違いな服装は避けるようにしましょう。

自宅にいるときも身だしなみは必要

既婚男性の場合、全身のコーディネートを奥様に任せきりにしているケースがよくあります。年配の人に多い印象がありますが、服装は自分の個性を表現するための重要なアイテムです。ですから、人任せにしないで、自分自身で考え、選択することをおすすめします。

出かける前には、靴を履いた状態で全身がうつる鏡でチェックし、頭のてっぺんからつま先まで、トータルで見たときのバランスも必ずチェックします。一つひとつのパーツは良くても、全体的にまとまりがなければ、意味がありません。

自分のセンスに自信をもてない人は、ファッション誌に目を通したり、街を歩いているステキな人を見たりしながら、センスを磨くと同時に、普段から身だしなみを整える習慣をつけることから始めるのもいいと思います。

休日だからといって、無精ヒゲにスウェットで一日中ごろごろしながら過ごすような生活はおすすめしません。一人暮らしであっても、朝起きたらヒゲをきちっと剃って、清潔なシャツを着て、ある程度の緊張感をもって過ごすのを心がけるようおすすめします。

日常的にきちんとしたものを身につけて生活していると、次第に着こなしが上手になってきて、フォーマルなものを着用したときでも、「洋服に着られている」という印象はなくなります。

普段の着こなしの習慣によって、自然とその人の印象はつくられるものです。

日常生活の過ごし方は、見た目に大きく反映されます。

たとえば、朝寝坊して余裕のない状態で出勤すると、髪の毛がぼさぼさだったり、ヒゲ剃りが不十分だったり、目が腫れていたりして、見た目がひどいだけでなく、心にも余裕がないので不安が顔に出てしまいます。

また、健康状態も、見た目の印象に如実に影響してきます。たとえばコンディションが良くないと、顔色にすぐ表われます。メートル ドテルが、青ざめた顔をしてダイニングをうろうろしていたら、お客様は食事を楽しむことができなくなるのではないでしょうか。

お客様においしいものを提供するのが私たちの仕事ですから、自分の体が健康であることは絶対条件です。お客様から「具合悪そうですね」と心配されるようでは、メートルドテルとして失格です。

ですから、私の場合は、表面的な身だしなみだけでなく、体の内側もきれいに整えるように、普段の生活の中でさまざまな工夫をしています。これについては、8章であらためて詳しくお話しします。

普段の着こなしの習慣によって、自然とその人の印象はつくられます。

におい対策も万全に

においも、その人の印象を決める重要なファクターです。

あるときフランス人の友人が「日本人は石鹸のいい香りがする」と言っていました。フランス人は体臭が強いといわれているからか、入浴後に香水をつける習慣があるけれど、日本人は香水をつけなくても石鹸のほのかな香りがして、それがとてもいいというのです。

確かに諸外国にくらべて日本では、香水をつけている人は少ない印象があります。ですから、たまに香水をつけている人とすれ違ったり、電車の中で隣り合わせたりすると、香りが印象に残ります。

目には見えませんが、香りもまた、人の印象を決定づけます。そして、**においについても、身だしなみ同様に「周りの人に不快な思いをさせない」というのが、社会的なマナーです。**

私自身、仕事の前夜は決してニンニク料理を口にしません。というのも、たとえばレストランで、メートル ドテルの口からニンニクのにおいがしたら、お客様は二度とそのレストランへ足を運ぶことはないでしょう。それゆえ私はスタッフに対しても、口臭チェックは厳しく徹底しています。朝、「おはよう」と挨拶を交わしたとき、ちょっとでもニンニク臭やアルコール臭がしたら、口臭をケアするカプセル剤を飲むように指導します。

私が気づくということは、お客様も必ず気づきます。食事を提供するレストランで、不快なにおいをまき散らすなどもってのほかです。休日に何を食べるのかは自由ですが、仕事に支障をきたすことは控えるのがプロです。

一般企業でも、受付の女性の香水がきつかったり、営業担当の人の衣服にタバコのにおいが強く残っていたりすると、その会社のイメージに影響する可能性もあるでしょう。

家でも、たとえば招いたお客様が靴を脱いで上がったとき、靴下が臭かったり、汗臭かったりすると、あまり気持ちの良いものではありません。

とりわけお客様を相手に仕事をされる方は、においに対して最大限配慮するべきではないか思います。タバコだけでなく、体臭、香水、制汗剤、柔軟剤など、日常生活においてさまざまなにおいがあります。**においがその人の印象を決め、また、においでもって不快な思いをすることもあるのです。**

そのことを念頭において、大切な相手と接するときにはにおいにも十分気配りをする必要があります。

社会的なマナーのひとつに、においの配慮もあることを意識しましょう。

周囲に配慮した身だしなみとは

オフィシャルでもプライベートでも、人と会うときは「どんな服を着て行こう」「どんな靴を履いて行こう」と、あれこれ考えます。このとき、どのような方と会うのか、どのような場所で何をしにそこへ行くのか、といったことが、洋服や靴を選ぶ基準となります。

たとえば仲の良い友人同士だと、ファッションが自然と似通う傾向があります。同じようなファッションの女性グループを見かけることがありますよね。共通したテイストのファッションのほうが楽しいと考えるなら、それでいいでしょう。

私の勤めるレストランにも、4～5人の女性が同じような色合いの洋服を着て、連れだって来店されることはよくあります。きっと、とても仲良しのお友だちなのだなと、微笑ましく思います。

その一方で、あえてそれぞれ違うファッションにしてみるのも面白いかもしれません。いつもの仲間との集まりでも、ちょっと気分が変わったり、また、新しい話題も生まれるきっかけにもなるでしょう。

「あの子は流行に敏感だから、今年の流行の白を取り入れたコーディネートをしてきそうだなあ」

「こんな服だったら、今日の集まりに誰も着てこないんじゃないかしら」

そんなことを前の晩からあれこれ考えて洋服選びをするのも、結構楽しいものです。

冬であれば「今日はきっとみんなダウンコートを着て、ブーツを履いて来るだろうから、私はパンプスにしようかな」と考えるのもいいかもしれません。

このように**あれこれ相手のことを考えて服を選ぶのは、これも立派なマナーなのです。**

しかし、せっかくいろいろ考えてコーディネートしても、当日着て行ってみると、なんとファッションが重なってしまうこともあります。その場合はどうしたらいいのでしょうか。

以前、セレブの方たちが集まるパーティで、同じブランドのまったく同じワンピースを着ている女性が2人いました。席が離れていたのが幸いでしたが、そうしたことがあると、周りが変な気遣いをしなければならなくなって、パーティの雰囲気がぎこちなくなりかねません。

ファッションや服の色合いが重なった場合、女性であればスカーフやストール、男性なら華やかなポケットチーフなど、ちょっとした小物を持参しておけば、それで一工夫するだけで、印象ががらりと変わります。

こういった気遣いは、上級のマナーといえるでしょう。

もっと身近な例では、結婚式に招待された女性は白いドレスを着ていかないというのが常識となっています。主役は花嫁ですから、その花嫁よりも目立たないようにするのが基本的なマナーということです。洋装で行くときは落ち着いたデザインのものを選び、髪の毛を少しアレンジする程度にするのが無難でしょう。そうしたことを考えずに、自分の好みを優先して目立つドレスを着ていくような人は、おしゃれ以前の問題として、配慮に欠けています。

おしゃれを楽しむときは、自分がよければいいというのではなく、周りに対する配慮まで想いをめぐらすことが、社会人に求められるマナーです。

周囲の人へ配慮したファッションも、大切なマナーのひとつです。

制服でもおしゃれはできる

おしゃれとは、まずは身だしなみを整えたうえで、そこにプラスアルファとして、自分の好きなものを身につけていくことです。

先述しましたように、私の勤めるレストランでは、メートル ドテルは制服として黒のスーツを着用することになっています。メートル ドテルはネクタイも決まっているので、ネクタイで個性を出すことはできませんが、その分、私はオリジナルのカフスをつけたり、お気に入りの靴を履いたりして、おしゃれを楽しんでいます。

私はとくに靴にはこだわりがあって、デザインはもとより、履きやすいものをとことん探して購入します。ですから、ちょっとくたびれてきても、すぐに捨てるようなことはしません。靴屋さんに持っていって直しながら履き続けます。

一番のお気に入りの靴は、もう10年くらい履いています。それ以上履きやすい靴と出会っていないので、なかなか手放す気にはなれません。お金を出したからといって、いいものが手に入るわけではなく、人と同じで、ものとの出会いも、まさに一期一会だと思っています。いよいよダメになって手放すときは、「ありがとう」「お疲れさん」という声が思わず出てしまうのです。

ですから、靴は毎朝きれいに磨きます。ファッションにこだわりのある人でも、意外と靴は盲点だったりしますが、靴も確実に周囲から見られている大切な部分です。

たとえば名刺交換をするとき。軽くお辞儀をすると、まずは相手の足元が見えます。このとき靴が汚れていたり、服装とミスマッチだったりすると、スーツがどれほど高級であっても残念な気持ちになるのではないでしょうか。

靴下も同様です。革靴なのに、くるぶしくらいの丈の短い靴下を履いていたりする人がいます。応接間のソファに座ったときなどに、それが目に入ると、私はものすごく気になります。

靴や靴下でもって、制服でもその人の個性をアピールすることができるのです。「おしゃれは足元から」とよく言われるように、**目立たないところまで美しさや清潔さに配慮し、バランスを整えることが、周りの人に対するマナーであり、身だしなみです。**それは制服の場合も同じなのです。

目立たないところまで気を配ることも、大切な身だしなみのひとつです。

相手に関心をもってもらうためのコツ

サービスマンにとって、お客様から「あなたに会いたくて、また来ました」と言われることが、最大の喜びです。

そうした言葉は、ただ真面目にメートル ドテルのテクニックを磨いているだけでは引き出せません。最初にお会いしたときに、まずは第一印象で好感をもっていただいて、さらに「この人をもっと知りたい」と感じてもらえるように努力する必要があります。

ここでも「見た目」が、重要なカギを握ります。身だしなみがきちんと整っていることはもちろんですが、ちょっと隙を見せるなどして、いい意味で相手の期待を裏切ることが、相手の心をつかむ魅力になると、私は考えています。人が魅力を感じるのは、そういったとっつきやすさ、人間味を感じさせるような素朴な部分だからです。

たとえば、レストランの規則では、髪型はきちんとセットしている状態なら、自分なりに少しアレンジすることは許されています。それでも、本来は襟足が長いのはあまりよろしくないのですが、私は最近あえて少し伸ばしています。

そのことにお客様が気づいて「あれ、髪の毛伸びた？」「何か雰囲気が変わったね」と声をかけていただけたら、心の中でガッツポーズをします。見かけでもっていつもと違う自分を見せることで、お客様に変化を楽しんでいただくのですね。

やはり、お客様も少し変化があったほうが楽しいと思うのです。いつも同じ格好で、同じ髪型でお迎えするよりも、日によって少し違っていたほうが、「今日はどんな髪型かしら」「この間より、今日のほうがいい感じ」といった具合にわくわく感が増して、「また来てみよう」と思っていただけることにつながるのではないかと考えています。

これは、一般のビジネスの場でも使えると思います。

私自身、レストラン業務とは別件で、仕事の打ち合わせで人にお会いする場合、最初のときはたいてい無難にスーツでびしっと決めていきます。そして、2度目のときは、あえて意表を突くようなファッションで出向くこともあります。

そうすると、相手の方は「あれ、前回とイメージが全然違う」と驚きます。そうした意外性が、相手の心をつかむ魅力になるからです。

女性でしたら、お化粧の方法を少し変えることでだいぶ印象が変わるでしょう。季節によって口紅やアイシャドウ、チークの色を変える方もいらっしゃいます。ファンデーションの微妙な色の違いでも、相手の受ける印象は変わってきます。また男性でも、夏は少し日焼けをしただけで印象が変わります。

具体的に何を変えたのかわからなくても、印象が変わったと周りに伝われば、大成功です。

見た目のちょっとした変化が相手の心をつかむポイントです。

身だしなみが大切な理由

このような話をすると、「自分はファッションに疎いから、宮崎さんのようにはできないな」とおっしゃる方がよくいます。そんなことはありません。

私自身、学生の頃は、身だしなみやおしゃれとは無縁なサッカー少年でした。雨の日も風の日も、毎日泥まみれでボールを追っかけて、そのまま友人たちとファミリーレストランへ入ったりしていました。お店にとって非常に迷惑な客だったと思います。

今の仕事を始めてからは、おしゃれに対する関心は高まったものの、身だしなみというところまで意識が及んでいなかったことは、本章の冒頭でお話ししました。

そんな私の意識が変わったのは、先輩たちの愛のムチのおかげもありますが、見た目や立ち居振る舞いが感動するほど美しいメートル ドテルに出会ったことが、一番のきっかけでした。

矢野智之さんという方で、1996年にサービスマンのコンテスト（第3回メートル・

ド・セルヴィス杯）で日本一に輝いた方です。矢野さんは、長身で見た目もカッコ良く、タキシードを素敵に着こなしてお客様にサービスをする立ち居振る舞いは、まるでダンスを踊っているかのように優雅でした。

「こんなメートル ドテルになりたい」

そういう想いが私の心の中にわいてきて、プロ意識が芽生えていったのです。

それからは、身だしなみを整えることに対して、面倒くさいと思ったことは一度もありません。

身だしなみを整えることは、お客様にサービスを提供するプロとして欠かせない努力だと思っているからです。

> 第一印象を良くする決め手は、身だしなみを整えることです。

第2章

美しい「立ち居振る舞い」の基本

きれいな立ち姿を意識する

レストランで仕事をしているとき、私はあらゆる方向からお客様に見られています。ですから、正面の姿だけでなく、後ろから見られても、横から見られても、斜めから見られても、常に美しい姿勢、きれいな所作、しなやかな動きであることを心がけています。お客様の目の前で料理を切り分け、お皿に盛りつけるときも、テクニックだけでなく、美しい動きを意識しています。コーヒーをお出しするときも、体を向ける角度から、カップを差し出す手の動き、指先の向きまで、どうすれば美しく見えるかということを常に考えます。

そうしたパフォーマンスを含めて、お客様に食事を楽しんでいただきたいと思っているのです。これはお客様に好印象をもっていただくためのメソッドでもあります。

立ち方を工夫するだけで、存在感が大きく変わります。

レストランの中では、お客様に直接サービスを提供していないときでも、常にダイニングのどこかに立っているのではなく、ただ立っているのではなく、自分の担当するテーブルのお客様に目を配り、お客様の要望にいち早く対応できるように待機しているのです。

そのようなとき、立ち方にはかなり気を遣っています。もともと、気を緩めると前かがみの姿勢になりがちなので、**立っているときは、左右の肩甲骨を後ろでつけるようなイメージで胸を開くようにしています。**そうすると、自然に背筋が伸びて、きれいな立ち姿になります。

顔の向きも、アゴが上がっていると傲慢な印象になり、また下げすぎると今度は暗い印象になってしまうので、正面を向いて遠くを見るようにしています。

手は、ひじを軽く曲げた状態で、前で組みます。このとき、両脇に少し空間をつくることで、正面から見た姿が大きく見えます。私は体が細いのですが、メートル ドテルとしてサービスの責任者なので、存在感を大きく見せる工夫をしているのです。さらには定期的に整体に行って、体のゆがみを治すようにもしています。

きれいな立ち姿は、オフィシャルやプライベートのさまざまな場面で応用できます。

スマートフォンが普及してから、姿勢の悪い人が増えた印象がありませんか。スマートフォンの画面を見ているとき、たいていの人は前かがみでうつむくような姿勢をしています。この姿勢を長く続けていると、それが固定され、普通に立っているときも、背中が丸くなって顔を前に突き出したような姿勢になってしまいます。誰かと待ち合わせをしているときに、そんな立ち姿で待っていたら、第一印象は決して良くありません。仕事の相手であれば、マイナスな印象を与えてしまうかもしれませんし、デートの相手であれば、相手ががっかりしてしまうこともあるかもしれません。

きれいな立ち姿を見せたいという意識を常にもち、意識的に立ち方に十分気を付けることも、美しい所作の大切なポイントといえるでしょう。

姿勢や動作を意識することが、美しい立ち居振る舞いをつくるポイントです。

相手にとってちょうど良い距離感で接する

レストランのダイニングで立っているときは、私は少し歩いて移動しながら、その時々のベストポジションを探しています。

自分の担当しているテーブルのお客様がすべて見える場所で、お客様のちょっとしたしぐさや視線ですぐに何かを求めていることに気づき、対応できる最良のポジションというのがあるのです。

ポジショニングを誤ると、お客様の要望に素早く対応できないだけでなく、お客様にとって居心地の悪い空間をつくってしまうこともあります。

たとえば、自分のテーブルのすぐ脇にサービスマンがずっと立っていたら、当然、お客様は違和感を覚えるでしょう。

人にはそれぞれ「これ以上むやみに近づいて欲しくない」という距離感があって、そのテリトリーに誰かがずっと立っていたりすると、気になって仕方がありません。しかも、食事をしているときに、絶えず視線をちらちら送られたりしたら、食事や話に集中できなくなってしまいます。

ですから、私がレストランで立っているときは、どのお客様のテリトリーからも外れた場所で、視線は遠くに向けています。どこも見ていませんよ、という顔で立っているのです。

もちろん、視線を外していても、どこかのテーブルのお客様がこちらを向いたり、何か用事がありそうな気配を感じたら、すぐにそちらに視線を向けて「ただいま、まいります」と合図を送り、すぐにテーブルへ伺います。遠くに視線を置きながら、その視線の端で全体のお客様の様子をさりげなく見ているのです。

「宮崎さんの目は背中にもついているのですか？」

そんなふうに、お客様から冗談まじりに言われることがあります。

お客様からすると、まったく自分のほうを見ていないようだったのに、何かを頼もうかなと思った寸前に、私のほうから声をかけたりするので、「なぜ見ていないのに気づいたの？」と不思議に思うようです。

私の場合は、見るというより、「察する」といったほうが近いかもしれません。

もちろん、遠くを見ながら、視線の端でお客様の様子を見ているのですが、視覚以上に聴覚もフルに使っています。目に入ってくる情報が少ないほうが、むしろ聴覚は研ぎ澄まされて、少し離れた席のお客様の会話も耳に入ってきます。実際に声が聞こえているというより、雰囲気を全身で感じるというイメージです。

それはちょうど車の運転をしているときの感覚と似ています。

車の運転をするときは、視線を遠くに向けて、ずっと先にある標識や信号、人の動きなどを見ながら走っています。遠くを見ることで視野が広がり、目の前の景色を全体的に俯瞰して見ることができます。

レストランの中でも同様で、視野が広がると、心にも余裕ができます。

ベストポジションは、日によっても異なりますし、お客様によっても異なります。今現在のベストな立ち位置はどこかということを瞬時に判断できるのが、一流のサービスマンの証でもあります。

そうして、お客様から呼ばれる前に、お客様の要望に気づくことが、一流のメートルドテルだと、私は考えています。


ほど良い距離感を見つけることが、相手への配慮となります。

「大和撫子の歩き方」はヒールに合わない

歩き方にも、その人の個性がかなり反映されています。

女性の場合、ヒールの高い靴を履いて、カツカツと音を立てながら胸を張って堂々と歩いている方は、「バリバリ働いているキャリアウーマン」という印象を受けます。一方、音を立てずに腰を丸め、すり足で歩いているような女性は、「きっと内面的でおとなしい人だな」と感じます。

洋装の場合は、前者の歩き方のほうが断然美しく見えます。しかし、日本の女性は後者のほうが多いようで、外国人男性の間では、日本女性の歩き方はあまり評判が良くないと聞いたことがあります。

日本に1年以上住んでいる50人の外国人男性を対象とした調査では、日本人女性の「残念だ、可愛くない」と思うトップに、歩き方がランクされていました（オムロンヘルスケアとワコールの調査）。

とくに、ハイヒールを履いて歩いているときの姿が「不格好だ」という回答が9割を占め、「自信がないように見える」「奇妙に見える」「トイレを我慢しているように見える」と感じている外国人の多いことが明らかにされていました。

背中を丸めた前傾姿勢で、膝を曲げたまま腰を落としてすり足で歩くのは、日本の伝統的な歩き方です。和服のときはそれでいいとしても、洋装のときは、欧米流の歩き方をしたほうが美しく見えます。

基本的には、背筋を伸ばし、膝も伸ばした状態で足を前に踏み出し、少し大股で歩きます。視線は、立っているときと同じように遠くに向けます。ファッションショーのモデルさんは、まさにそうした歩き方をしています。

男性の場合ですと、コートやジーンズのポケットに両手の指先を入れ、イラスト①のよ

（イラスト①）

うにひじを軽く曲げて歩くと、横のラインがきれいに見えます。ポケットの中に手を深く入れずに、腰に軽く添えるようにするのがコツです。これはモデルの養成をしている知り合いの方に教えていただきました。

また、傘を持って歩くときも、コツがあります。持ち手の部分をしっかり握るというよりも、軽く手に引っかけるように持ちましょう。イメージとしては、チャップリンがステッキを持って歩く感じです。

歩き方は、腰から前に行くような感じで、歩くリズムに合わせて傘もブラブラと動きます。ただし、イラスト②のように、傘が体の後ろに行ってしまうと、後ろにいる人に傘の先が当たる恐れがあります。傘は常に「自分

（イラスト②）

（イラスト③）

の体より前」にあるよう、注意が必要です。イラスト③は、体の前方に傘の先が来ていますね。これでしたら、周りの人に当たらないですし、また、歩き方も軽やかに見えます。見た目がカッコ良い人は、こうした細かいところまで気を遣っているからこそ、カッコ良く見えるのだと思います。

歩き姿が美しく見える姿勢をマスターしましょう。

食べ方は、その人の印象を決定づける

食事をしているときの姿には、その人の真の姿が現われます。
高級ブランドの服を着て、ナイフやフォークを完璧に使いこなしている方でも、食事をしているときの姿勢が悪いと、すべて台無しに思えます。おそらく普段から食べるときの

姿勢が良くないのでしょう。どんなにステキな方でも、見た目も美しくありません。

たとえば、足を組んだまま食事をされている方が結構いらっしゃいます。女性でもよく見かけます。男性のお客様の中には、片足のモモの上に、もう片方の足を折り曲げて乗せた姿勢で食べる方もおられます。

Ｂａｒや居酒屋では、足を組んだ姿勢がカッコ良いように見える場合もありますが、食事中はやはりあまり良いものではないでしょう。私は、足を組んで食事をしている人を目にすると、とても残念な気がします。私の中では、食事中に足を組むという行為は「礼を失するもの」という意識が強いからです。

足を組んで食べるのは周囲の人に失礼であると同時に、その料理をつくってくれた人にも失礼です。レストランでは料理人が、命をかけて一品、一品、料理をつくっています。ですから、お客様にも、真摯に食事と向き合っていただきたいと思うのです。

自分で頼んだ料理は残さず食べることも、私のポリシーです。料理を頼むときに「ちょっと食べ切れないかな」と思ったら、量を少なめにしてもらうように事前に伝えます。お肉も、お魚も、野菜もすべて「命」のあるものですから、命を無駄にしたくないのです。

ときおり、一緒に食事をしている相手が何の抵抗もなく料理を残していたりすると、とても悲しい気持ちになります。

食べるときの姿勢も、大切な立ち居振る舞いのひとつです。

フランス料理のマナーには理由がある

フランス料理のマナーの本には、正しい座り方として、テーブルと体の間を「こぶし1個分空ける」とよく書いてあります。これにはきちんとした理由があります。たとえば、フォークでお肉を食べるとき、顔をお皿に近づけるのではなく、フォークを口のほうへ持っていって食べるのがマナーですから、テーブルから体を離しすぎると、膝の上に食べものやソースが落ちる可能性があります。

背筋をぴっと伸ばして、膝の上に落とさずにきれいに食べるには、「こぶし一個」空けた位置で食べることが理に適っているわけです。

食事中は、両手を必ずテーブルの上に乗せておきます。手をテーブルの下におろしている人がいますが、西洋ではマナー違反となります。両手を相手に見えるようにテーブルに乗せることで、「私はあなたに対して脅威となるものは手にしていませんよ」「安心して食事を楽しみましょう」と意思表示しているのです。

テーブルの上にひじをついてしまうと、これも美しくありません。

自分ではひじをついていないと思っている人でも、おしゃべりに夢中になっているようなとき、何気なくひじをついていることが意外にあるものです。ひじをついて食べることも、日本の一般的なマナーではよしとはされていません。

和食の場合は、お箸の持ち方や使い方がきれいな人は、傍から見ていてとても美しく見えます。お箸の使い方で、私がいつも心がけているのは、食事の途中で箸を休めるときは、必ず箸置きの上に置くということです。これは子どもの頃に父親に厳しくしつけられました。お茶碗やお皿の上に箸を乗せる〝渡し箸〟は決してやりません。

箸置きのないお店では、箸袋を使って自分で箸置きをつくります。

ときどき、相手のほうに箸先を向けて、渡し箸をしている人を目にしますが、これは見た目のよしあし以前に、相手の方に対してとても失礼な行為です。
食事のマナーの基本は、一緒に食事をしている相手や、周囲の人に対して不快な思いをさせないことです。外食のときはもちろん、普段から正しいマナーで食べる習慣を身につけたいものです。

普段から食べるときのマナーを身につけるようにしましょう。

マナー違反のお客様に注意するタイミング

食べるときのマナーの話が出ましたので、ここで私がレストランで「マナー違反」の方がいらして周囲のお客様に不快な思いをさせてしまうようなとき、どのように振る舞うかをご紹介したいと思います。

レストランには、日々さまざまなお客様がいらっしゃいます。満席の場合ですと、50人前後の方が、ひとつの空間に集まるわけですから、お客様同士の間でちょっとした不穏な空気が漂うこともあります。

そうしたとき、いかにその場をうまくフォローするかということも、私たちメートルドテルの重要な役割です。

たとえば、お酒がすすんで酔った勢いで、大声で話を始めるお客様がたまにいらっしゃいます。ご本人はたいてい悪気がないのですが、レストランのお客様の中に一人でも困ったような顔をする方がいらしたら、大声で話しているお客様のところへ行って、食後はさりげなくバーへご案内したりします。バーで温かいお茶などをすすめながら、「雰囲気を変えてお楽しみください」とご提案するのです。

このとき、お客様が「バーへ連れ出された」と思わないように、あくまでもそのお客様のために別のサービスを提供させていただきます、という形でご案内します。そして、そのお客様がバーへ移られたあと、再びレストランに戻って周りのお客様に「ちょっと賑やかですみませんでした」とお詫びの言葉をお伝えします。

たいていの方は「大丈夫ですよ」「気にしていませんよ」とおっしゃってくださいます

が、ひとことお詫びの言葉をお伝えするのとしないのとでは、やはり心象が違ってきます。ひとことお伝えすることにより、お客様は配慮してもらえたのだと納得し、そのあと気分良く食事を続けてくださることでしょう。

また最近は、スマートフォンで料理の写真を撮ったり、お店の内装をバックに撮影される方もいらっしゃいます。

写真を撮ること自体は店側として禁止していませんが、撮影のマナーについて、周囲のお客様からご指摘を受けることがあります。最近はSNSなどで写真を自由にアップする人が多いため、撮られることに神経質になられているお客様も中にはいらっしゃいます。店内を勝手に撮影されたら「自分たちも写ってしまうのではないか」と気にされるわけですね。

ですから、私は写真を撮っているお客様がいらっしゃるときは、周りのお客様の様子を見て、少しでもご不満の様子が窺えたら、ご指摘受ける前に、写真を撮っているお客様のところへ行って「すみません、写真の撮影は少し控えていただけますか」とお声をかけるようにしています。

この場合も、写真撮影を楽しんでいる人を注意するというより、周りのお客様に対して

「みなさまのご不満は十分察しておりますよ」ということを表明するのが最大の目的です。ときには席に座ったまま、携帯電話で話し始めるお客様もいらっしゃいます。これは明らかなマナー違反ですが、だからといって見つけ次第、やみくもに注意するというのはサービスマンとして失格だと思っています。

サービスマンの資質として欠かせないのは、常にレストラン全体を俯瞰して見る力です。席で電話をしている人を見つけても、すぐに注意しに行くのではなく、周りを見回して、その電話を気にされているお客様がいらっしゃるかどうかを確認します。誰も気に留めていないようであれば、そのまま様子を見ます。あわてて注意しに行って、そのお客様がお気を悪くされたりすると、逆に周りの人を巻き込む騒動に発展する可能性があるからです。

それでも、注意しなければならないタイミングはあります。周りで誰か一人でも、電話をしている人に視線をちらっと向けたら、すぐに電話をしている人のところへ行って、「お電話はあちらでお願いできますか」とお声をかけて、携帯電話を使える場所にご案内します。この言葉は、電話をしているお客様に伝えているのと同時に、周りのお客様へのアピールでもあります。

マナーに反するお客様がいたら、周りのお客様に対して、私たちはみなさまに心を配っていますよ、というメッセージをさりげなくお伝えしているわけです。

私たちサービスマンにとっては、どのお客様も同じように大切ですが、レストランは公共の場ですから、個室でない限りは、一人ひとりのお客様に最低限のマナーを守っていただく必要があります。

このような配慮は、レストランのサービスだけに限らず必要な場合もあるのではないでしょうか。会社で取引先の方々を何人かご招待したときや、パーティにお招きしたときなど、複数の人が集まる場では必ず予期せぬ出来事が起こり得るものです。そのようなとき、騒ぎの中心となる人に直接注意をすることで、かえって場がギスギスしてしまうことがあります。

マニュアル通りではなく、**まずは周囲の方々の様子を観察したうえで、臨機応変に対応してください。**このような配慮も大切なマナーです。

周囲の様子を配慮して対応することは、大事なマナーです。

いつも先を予測して動くのが、一流のサービスマン

前の項目で、マニュアル通りではなく状況を見ながら対応を柔軟に行なう大切さに触れました。

お客様の中には、お皿の上に少し料理が残った状態で、ナイフとフォークを八の字に置いたまま、ずっと話に興じているケースがあります。

話が楽しくて、食べるのをいったん休んでおられるのか、それとも食事が終わったときのナイフとフォークの置き方をご存じないのか、あるいは忘れているのか――ということを見極めるのも、私の役割です。

おそらく、すでに食べ終わっているのだけど、おしゃべりに夢中で、ナイフとフォークを揃えて置くのを忘れているのだろうなと思っても、声をかけてもしも食事の途中だったら、お客様が気を悪くされる可能性があります。

「ぼくたちがマナーを知らないと思ったの？」

そう感じとられてしまうことがあるのですね。

ですから、念のため少しの間様子を見ます。そして、さりげなく「お下げしましょうか」とお声をかけると、たいてい「ああ、ごめんね、お願いします」というお答えが返ってきます。

こうした一見些細なことにも、細かく心を配ることが、メートル ドテルの使命だと思っています。

お店によっては、お客様がナイフとフォークを所定の位置に置くまで、食べ終わっているとわかっていても放っておくサービスマンもいます。確かにマニュアルではそれが正しいのですが、本当にお客様のことを考えるのであれば、もっと観察力を磨いて柔軟に対応すべきではないかと、私は思います。

一流のサービスマンは、常に先を予測して動いています。お客様の後手、後手に回ったのでは、満足のいくサービスを提供することはできません。

先を読むには、お客様一人ひとりの様子にいつも気を配って、今、お客様が何を求めておられるのかを考えなければなりません。少しでも気を抜くと、そこにミスが生まれます。これはどのような仕事にも通じることではないでしょうか。

学生の頃に夢中になっていたサッカーも、同じ側面がありました。

私はフォワードだったのですが、自分がボールをもらう前に周りを見て、相手のディフェンダーの動きや位置、クセなどをすべて考えながら、ボールをもらうのにベストなタイミングとポジションを瞬時に判断し、「よし、ボールをよこせ!」というサインを送ります。

ボールが回ってきたら、今度は相手ディフェンダーと駆け引きしながら、その隙をついてドリブルでゴールへ向かって走っていく。自分でそのままシュートを打つか、ゴール前に走りこんだ仲間にボールを託すか、これも一瞬の判断力が求められます。

こうした動きをするためには、深い洞察力と、広い視野が必要となります。

なおかつ、サッカーもサービスも、一人ではできません。

チームを組んで、お互いにアイコンタクトだけで縦横無尽に動くことができるコンビネーションをつくりあげます。そして、最後は一人ひとりの「個の力」で、ゴールを決める。

その結果として、お客様に対して「かゆいところに手が届くサービス」を提供できるのではないかと思っています。

相手に満足していただく行動をとるためには、深い洞察力と広い視野が必要です。

第 3 章

大切な人をお迎えするときの心がけ

1. お迎えするときは、ウエルカムオーラで

メートル ドテルは、ご来店いただいたお客様に最高のひとときを過ごしていただくために、あらゆる業務を担います。

事前の電話予約をお受けして、当日ご来店された際には入り口でお迎えし、席までご案内します。そのあとも、オーダーをとるところから、食事中のサービス、会計、タクシーの手配、そして最後のお見送りまで、司令塔としてレストラン全体を指揮しています。

本章では、私がメートル ドテルとして日常行なっているおもてなし術について、より具体的にご紹介していきましょう。ビジネスシーンや、プライベートな場でも、応用できる部分があると思いますので、一見優雅そうに見えるサービスマンの裏側のドタバタ事情も含めて、読み進めていただければ嬉しく思います。

電話予約が入ってから来店されるまでの間、私たちサービスマンは、お客様と直接の接

点はありません。ですが、その間にもお客様がどういう方で、どのような目的でご来店になるのかという情報を把握し、それぞれの用途に合わせて準備を進めます。

たとえば、このお客様はホテル経由で来られる外国のお客様だから、真ん中の華やかなテーブルがいいだろうとか、このお客様は仕事の打ち合わせと接待を兼ねて来られるから、奥の落ち着いた位置に四角いテーブルをご用意しよう、という感じです。

ですから、**お客様にご来店いただいたときには、すでにある程度の情報が頭に入っていて、準備も整っています。**そのうえで、当日を迎えるのです。

さてその日、レストランでお客様をお迎えするときは、まず私自身がウエルカムのオーラを出すようにしています。

特別なことをするわけではありません。お客様が来てくださったことに対して、心の底から「ありがとうございます」という感謝の気持ちをもてば、自然に表情や物腰にウエルカムの想いが溢れ出てきます。それがウエルカムのオーラです。

レストランにはお客様をお迎えするときのマニュアルがありますが、私の場合は、お客様のお人柄や、自分との関係性、あるいはそのときの雰囲気などで、お迎えの仕方を柔軟に変えるようにしています。

たとえば、初めて来られたお客様には、笑顔で「こんにちは」とご挨拶をします。このとき、頭を深々と下げてしまうと、お客様のお顔が見えなくなるので、相手の目を見ながら、軽く会釈するようにします。

無理をして、満面の笑みを浮かべるようなことはしません。あくまで自然体で「ようこそ、おいでくださいました」という想いを込めて微笑みます。

一方、昔からよく知っているお客様が久しぶりにご来店くださったようなときは、喜びの気持ちを前面に出して、「ああ、〇〇様、どうも、どうも」と満面の笑みでお迎えする場合もあります。

すると、お客様も「おお、君にまた会いに来たよ」と言って、こぼれるような笑顔を見せてくださいます。この言葉は、私にとって最高に嬉しい言葉ですから、顔がくしゃくしゃになるくらいの笑顔になります。

ただし、長年来てくださっているお客様でも、礼儀を重んじられる年配の方などに対しては、毎回マニュアルに則った丁寧なお迎えの仕方をしています。そのほうが、お客様が喜んでくださるからです。

どのお客様にも同じお迎えの仕方をしたほうが楽ですし、無難でもあるでしょう。しかし、それでは失礼にならない代わりに、印象にも残りません。

お店に来られた日の食事を楽しんでいただくのはもちろんのこと、お帰りになったあと、「またこのお店に来たいな」「この人にまた会いたいな」と思ってもらうためには、お迎えのときから手を抜かず、一人ひとりのお客様に応じたサービスを提供することを大切にしています。

お客様をお迎えするときは、「こんにちは」だけではなく、ひとこと言葉を添えることもあります。雨が降っているような日は、

「今日はあいにくの雨でお足元も悪い中、本当にありがとうございます」

そうした言葉を添えるだけで、初めてのお客様でも笑顔を見せてくださることがよくあります。

また、冬に雪が降ってキャンセルが相次いでいるような日に、それでも「今日は大切な日だから」と言って、フォーマルなドレスの裾を濡らしながら来てくださったお客様には、自然と心から「ありがとうございます」という言葉が出ます。そして、「雪が積もった日はみなさんお越しになるのが大変だとおっしゃるのですが、レストランからの眺めは特別素晴らしいのですよ」などとお声をかけると、お客様も「雪の中でも来てよかった」

と、思ってくださるのではないかと思うのです。

2．お会いした瞬間から情報収集をスタート

一人ひとりのお客様に応じたお迎えをするには、その方がどのような方なのか、よく知らなければなりません。馴染みのお客様であれば、お人柄などがわかっていますが、初めて来られるお客様もたくさんいらっしゃいます。

初めて来店された方にもより良いサービスを提供するために、私はお客様とお会いした瞬間から、頭の中で情報収集をスタートします。いわゆるプロファイリングです。

お客様のちょっとしたしぐさも、その方を知る大きな手掛かりとなります。

たとえば、両手をズボンのポケットに深く入れて、ちょっと周囲を気にされながら入って来られる方は、やや警戒心の強い方かなという印象があります。両手を後ろで組んだまま、お店に入って来られる方も、少し壁がある気がします。

逆に、肩をすぼめて両手を前で組み、恐縮したような姿勢で入ってこられる方は、少し緊張しているように感じられます。

お客様に「こんにちは」とご挨拶したときも、目を見て言葉を返してくださる方と、そうでない方に分かれます。それによっても、そのお客様がどのようなタイプの方なのかをある程度知ることができます。

初対面でも、私の目をまっすぐ見ながら笑顔で「こんにちは」と返してくださる方は、フランス料理のレストランに慣れていて、食事をするためだけでなく、雰囲気を楽しみに来られる方がほとんどです。ですから、席についたあと、こちらからいろいろお話してみようと考えます。

これに対して、「こんにちは」とお声をかけても、無言ですーっと中へ入って行かれる方は、少し距離を置いた関係を好まれる傾向があります。それでも、何度か来てくださるうちに距離が縮まってくると、とても楽しい方だったりすることがよくあります。

声をおかけしても、私の視線を避けるようにして「ああ、すみません」といったお返事をされるような方は、このようなレストランに慣れていないからか、あるいは何らかの理由で、ちょっと緊張されているのが伝わってきます。

こうした方が2人連れで来られたときは、その日がお2人にとって何らかの特別な日で、普段とは違う非日常の空間を楽しむためにご来店くださったのかもしれない、と考えます。もしそうであれば、大切な日をリラックスして楽しんでいただけるように、料理の説明などを丁寧にしなければ、と思ったりもします。

もちろん、私の予想が外れることもあります。いずれにしても、初対面の方とは距離感の取り方が難しいので、とりあえず見た目からその方のタイプをある程度推測し、少しずつ様子を窺いながら最も適したサービスの仕方を探っていきます。

3．お客様同士の会話から、関係性を読み取る

お客様を入り口でお迎えして、ご挨拶をしたあと、席へご案内します。この間も情報収集は続いています。

複数で来られたお客様の場合、メインゲスト（主賓。招かれ、もてなしを受ける側）がど

の方なのかをまず見極める必要があります。なぜなら、席にご案内したあと、メインゲストに、最初に上座のイスに座っていただくことになるからです。

仕事の接待で来られた2人連れのお客様であれば、入り口でお迎えしたとき、予約をされた方がご自身の名前をおっしゃるので、その方がホスト（招待する側）だとわかります。ですので、お席にご案内したあと、もう一人の方に「どうぞ奥へいかがでしょうか」と声をかけることができます。これでお迎え入れは成功です。

プライベートで数人で来られたお客様を席にご案内したときは、まず上座のイスを引いて「今日の主賓（メインゲスト）の方はこちらへどうぞ」と伝えます。そうすると、「○○ちゃん、お誕生日だから座って」とか「じゃあ、先生がそこへ」という感じで、周りの人が主賓にそこへ座るように促してくれます。

その会話をさりげなく聞きながら、今日は誕生日で来られたのかとか、習い事の先生をお連れしたのだな、といったことがわかります。

そして、周りの人から「あなたが先生の隣に座るといいわ」と言われているような人が、主賓にとって大切な人で、「じゃあ、あなたはここ」「あなたはこっち」と指示したあと、「私はここでいいわ」と言って上座から一番遠いイスを選ぶ人が、その場を仕切る人、つまりその日のメインホストであることが見えてきます。

メインゲストとメインホストがわかれば、料理をお出しする順番が決まります。メインゲストに最初にお出しして、メインホストの料理を最後にお出しするのが基本です。そのほかのゲストも、それぞれ順番をつけます。

ただし、ビジネスの席の場合は、メインホストが、ホスト側の会社のトップだったりしますので、その場合は座る位置も、料理を出す順番も変わってきます。これについては、4章であらためてお話しします。

いずれの場合も、席にお連れしたら、お客様に「こちらのお席にどうぞ」と言ってイスを引きます。このとき、イスは両手で引きますが、右手のひらをお客様のほうに向けて軽くイスに添えながら「どうぞ」と声をかけ、座っていただくようにするようにします。または立ち位置によっては、左手でイスを引き、右手を添えることもあります。

これもひとつのおもてなしの形で、あなたのことをケアしていますよ、ということをジェスチャーでもって表わすのです。

4. オーダーをとるテクニックが最大の見せ場

お客様が席に着かれたら、食前酒をお伺いし、そのあと食事のオーダーをとります。このオーダーをとる仕事が、メートル ドテルの最も大切な役割のひとつです。

「注文をとるだけなら、アルバイトの学生でもできるのでは？」

そう思う方もいらっしゃるでしょう。確かに決まったメニューを提供している飲食店であれば、それほど難しい仕事ではないかもしれません。

しかし、メートル ドテルがいるようなフランス料理のレストランでは、お客様の好みを伺いながら、その日のシェフのおすすめ料理をいかにうまく提案できるか、そしてお客様のご要望をどれだけ聞き取れるか、その手腕が問われる最も神経をつかう場面です。

たとえばオーダーの際に、お客様から「こういう調理法でお願いできますか」というご要望があったとします。

そのご要望があまりにも個性的だったりすると、シェフから「そんなことできるわけないだろう」と怒鳴られてしまいます。シェフにはおいしい料理をお客様に味わっていただきたいという強い想いがありますから、「この料理はこの調理法が最も合っているのに、いきなりそんなふうに変えてしまったら、せっかくのよさが消えてしまう」と思うわけです。

その想いは私たちメートル ドテルも同じです。メートル ドテルはお客様に最高の料理をおすすめできるよう、シェフと同じくらい料理の知識をもっていますから、シェフの料理は変えないほうがいいということを、十分承知しています。

とはいえ、お客様に「うちのシェフの料理は、このまま召し上がっていただくのが一番おいしいのです」と、こちらの想いを押しつけてしまうと、最高のサービス、一流のおもてなしにはなりません。

お客様のご要望をいかにシェフの納得するかたちにすることができるか。そして、それをどうやってうまくシェフに伝えるか。ここが、メートル ドテルの腕の見せどころです。お客様とシェフの間に入って、どちらも納得し、最終的には料理を召し上がったお客様にご満足いただけるようにする。これが、私たちの仕事なのです。

このあたりのことは、ビジネスの世界でもよくあることではないでしょうか。顧客と建築家や広告デザイナー、または服飾デザイナー。作家または編集者と装丁家。顧客の注文通り、言われるがままにつくってしまうのが、必ずしも最高のものにつながるとは言えませんから、結果としてはお客様の要望にお応えしたことにはなりません。双方の想いをくみ上げつつ、どこに落としどころを見出し、最高のものをつくり出すか。これは非常に大切なことです。

レストランという場では私たちメートル ドテルの手腕が問われるところなのです。

5. オーダーをとった時点で、サービスの質が決まる

レストランでは、料理はお客様の心地良いタイミングでお出しし、お客様の希望される時間内にすべて出し終え、召し上がっていただけるというのが原則です。

事前に時間の上限を知らせていただけると、より円滑に料理を出すことができます。

たとえば、13時頃ご来店いただいたお客様から「今日は15時には出たいんだけど」と言

われたら、15時から逆算して時間を割り出し、それに合わせておすすめのメニューや、料理を出すタイミングを決めていきます。そして、きっちり15時にお見送りできたとき、お客様から「ありがとう、助かったよ」と声をかけていただいたら、もう最高の気分になります。時間をぴしっと合わせるのも、プロフェッショナルの技です。

とはいえ、お客様によっては、時間の指定がないまま食事を始められるケースもよくあります。その場合は、こちらの経験的な感覚で料理を出すタイミングを計ります。それがメートル ドテルの腕の見せどころでもあります。

若い頃は、失敗もありました。まだ20代半ばの頃、ランチタイムに8名でお店に来られたお客様が、ア・ラ・カルトでばらばらの料理を頼まれたことがありました。8人のうち7人が外国からのゲストで、日本人のホストが「コース料理より、それぞれ好きな料理を楽しんでもらいたい」と考えたようでした。

正直、8名分、別の料理をほぼ同時に出していかなければならないというのは、メートル ドテルはもちろん料理人にとっても大変なことです。それでも、ホストのゲストに対するおもてなしの心には共感できましたので、できるだけ期待に沿えるよう努力しました。

けれども、前菜を下げてから20〜30分経ってやっとメインディッシュのお肉料理が出てきた頃、ホストの怒りが爆発しました。

「ビジネスの昼食だったら、1時間くらいで終わるのが常識だろう。使えないやつだな」

当時の私は、レストランでサービスを担当して5年ほど経ち、ようやくお客様に直接サービスをすることが許された頃でした。こんなふうにお客様に言われて、とても情けない気持ちになったのをよく覚えています。

ホストは、1時間もあれば食べ終わると考えていたようでした。そのことを私が最初に感じ取っていたら、オーダーをとるときに「ア・ラ・カルトでばらばらの料理を注文されますと、少なくとも2時間くらいかかりますが、よろしいでしょうか」とお伝えできたのです。またスムーズに提供できるような料理をおすすめしていたら、違った結果になっていたでしょう。今思い出しても悔やまれる出来事でした。

オーダーをとるというのは、本来はこのように非常に繊細な気遣いが求められる仕事です。**オーダーをとるときのテクニック次第で、お客様にレストランで最高の時間を過ごしていただけるかどうかが、ほぼ決まるといっても過言ではありません。**

このことは、他の職種でも同じではないでしょうか。仕事を受けるにあたり、納期や要望などをできるだけ具体的に押さえておくことで、お客様の望むタイミングで望むものを提供することができるのです。これは、あらゆる仕事においてプロとして必要とされることですね。

6．料理の説明をあえてしない、というサービスも

料理の説明をする際にも、お客様が何を求めていらっしゃるかによって、説明の仕方を変えます。

マニュアルでは、料理をお出ししたときにその料理について説明するよう決められています。しかし、お客様の中には、そうした説明を求めていない方もいらっしゃいます。そのようなお客様には、最小限の説明にとどめるようにしています。

たとえば、席にご案内してからずっと、スマートフォンを操作されているお客様がいたとします。最初の料理をお持ちしたときも、スマートフォンの画面を見たまま、目を離そうとしません。そうした方にとって、料理の内容よりもスマートフォンに表示される情報

のほうが重要なのは明らかですから、マニュアル通りに料理の説明をしても「うるさいなあ」としか思わないでしょう。

ですから、料理をサービスするとき、メインとなる食材や料理名のみお話しし、余計なことはお伝えしないようにします。もちろん、そのお客様のほうから料理について何か質問を受ければ、そのときは詳しくご説明します。

つまり、マニュアル通りに正確にサービスを提供しようと考えるのは、こちらの勝手な押しつけで、お客様にはそれぞれ独自の食事のスタイルや優先順位があります。

食事をしながらスマートフォンを操作することの是非はともかく、お客様のスタイルや状況をできるだけ尊重し、「その方が何を求めていらっしゃるか」ということを見極めたうえで対応することを、私は大切にしています。

私たちがよかれと思って行なったことでも、お客様から「わかっているよ、うるさいな」と思われたら、それはこちらのサービスの仕方が悪かったということになります。

毎月必ず来られる常連のお客様でも、いつも同じサービスで満足していただける方もあれば、その日の気分や体調によって別の対応を求められる方もいらっしゃいます。ですから、常連さんであっても、「この方はこのタイプ」と先入観をもって対応すると、必ず失敗します。人は生きていますから、心も体も日々変化しています。

そうした変化をどこまで察知できるか、そして対応できるか、これもプロのサービスマンとしての力量が問われる部分です。

7．次の料理を出すタイミングは、一か八かの勝負

レストランでは、一皿ずつ料理をお持ちします。料理をお出しするのには、絶妙なタイミングが求められます。

お客様に「ちょっと出るのが遅いかな」と思わせてはいけません。逆に、料理が早すぎても良くありません。「料理には余韻というものがあるんだよ」「ワインを楽しんでいるのだから、もう少しゆっくりでもよかったのに」などと、ご不満の声をいただくこともあります。

「もうそろそろ次の料理を食べたいな。ああ、ちょうど来た」

そう思っていただけるタイミングがベストです。

しかし、このベストのタイミングは、お客様によってそれぞれ異なります。「間《ま》」と言い換えてもいいでしょう。いかにそのお客様の「間」を察するかということが、最高のサービスを提供するうえで重要なキーワードとなります。

このお客様は、料理とワインをゆっくり楽しむ方だと感じたら、次々と料理を用意するより、少し「間」を置いてお出しするようにします。そうした情報を一緒に組んで仕事をしているサービススタッフと共有し、そのお客様にとって最適のタイミングで料理をお出ししていきます。

とはいえ、すぐに料理を用意できるわけではないので、ある程度の時間は必要です。

ですから、私たちサービスマンは、常にお客様が料理を召し上がっている様子を窺いながら、次の料理をキッチンにお願いするタイミングを計っています。お客様の召し上がるスピードを見据えて、キッチンに次のオーダーをかけるので、常に一か八かの勝負です。

そろそろその料理を食べ終えそうだと思いキッチンに伝えたところ、お客様が急に話に夢中になり、食べるスピードが大幅に下がったりすることもよくあるのです。

それでも、すでにキッチンでは次の料理の調理がスタートしていますから、お客様が食べ終わる前に、料理が出てきてしまったりします。この見極めを間違えると、一番いいタイミングで料理を提供できなくなり、お客様にご迷惑をおかけしてしまいます。

シェフにも「命をかけてつくっている料理を、何しているんだ」と怒られるわけです。本当にその通りで、完全にサービス側のミスです。

また、私たちサービスマンは、ひとつのテーブルのお客様だけにサービスを提供しているわけではないので、当然ながら複数のテーブルの料理が次々と出てきます。それをどうすれば効率良く、最高においしい状態で、すべてのお客様のもとへお出しできるかという判断力が求められます。

こういうときは、まず別のサービススタッフにキッチンへ行ってもらい、伝票の順番を確認してもらいます。伝票の順番がわかると、だいたい何分後に、どのテーブルの料理が出てくるのか予測がつきます。

たとえば、Aというテーブルのお客様の魚の料理が、あと8分くらいで出てきそうだとわかったら、その時間にほかの仕事を済ませておきます。

使用する器材を用意したり、別のBのテーブルのオーダーをとったりして、急にお客様から呼ばれることがないように準備万端整えておくのです。そして、8分ほど経って、そろそろAのテーブルの魚料理が出てくる時間になったら、余裕をもって所定の位置で待機します。

これが理想なのですが、常に20名ほどのお客様を担当しているので、実際には予期していないことが起こり、ドタバタすることはしょっちゅうです。

8. お茶の出し方にもたくさんの理由がある

食事が済んだら、最後にお茶をお出しします。

お茶は、お客様の正面にお出しするのが原則です。右利きの方には、カップの持ち手が右にくるようにして置きます。お客様が飲みやすいようにという配慮からです。

料理を召し上がっているときに、スプーンやお箸を使うほうの手をあらかじめ確認しておいて、左利きの方がいらっしゃることに気づいたときは、お茶は持ち手を左にしてお出しします。これも、おもてなし術のひとつです。

デザートと一緒にお茶を出すときは、デザートはお客様の中央で、お茶をデザートの右側に出します。

ただし、ビジネスの打ち合わせなどで、テーブルの上に資料が広げられていたりすると、お茶をお客様の正面に置けない場合もあります。そうしたとき、マニュアル通りに置こうとして、「すみません、こちらにお茶をお出ししますので、失礼します」と言うのは、サービスマンとして良い対応とはいえません。

お茶をお客様の中央に出したいというのは気遣いからですが、お客様にとって「一番いい位置」は常に変化します。こんなときは実際、お茶を右や左に置いても「カップを取りにくいなあ」と感じるお客様はほとんどいらっしゃらないことでしょう。

資料がいくつか広げてあったら、どの資料にも邪魔にならないスペースを見つけます。仮に資料がひとつだけで、スペースがわりと空いていても、このあと資料を広げる可能性がありそうなところは避けます。

また、お客様同士がテーブルの上に身を乗り出してお話ししていて、お茶を定位置に置きにくいときもあります。この場合は、「お手元失礼いたします」「ちょっと失礼してもよろしいでしょうか」と声をかけながら、少し奥に出すなどの配慮をします。声をおかけすることによって、ジェスチャーが大きい方の手にお茶のカップが当たったりするリスクを避けるのです。

私は「失礼します」と声をおかけしてから、お客様の手が当たりそうな範囲を自分の腕でガードしながら、お茶をテーブルに置きます。このように、予測されるあらゆる事態を想定して行動することが、大切なのです。

なにしろ、お客様がふいに振り上げた手にカップが当たって、お茶がテーブルの上の資料の上にこぼれたり、お客様の体にかかってしまったりしたら、取り返しのつかないことになります。ほんの少しの気遣いをするかしないかで、大惨事を未然に防ぐことができるわけです。

こうした気遣いは、できて当たり前ですから、念のためにガードした私の腕にお客様の手が実際に当たって、お茶がこぼれることを防げたとしても、誰も褒めてくれるわけではありません。場合によっては「危ないな」とお叱りを受けることもあります。

それでいいのです。お客様の気づかないところでも、決して気を抜かずにお客様をケアしていくことが、サービスマンの役割だからです。

いずれにしても、「お茶はこう出すべきだ」という絶対的な決まりはありません。マニユアルにこだわるよりも、お客様に最も快適においしいお茶を召し上がっていただく環境をつくるためには、どの位置がお客様にとってベストポジションか、どのような出し方をするのが一番適しているかを、私はいつも最優先に考えています。

9. お茶をご用意するときの心がけ

コーヒーを出すときは、カップが汚れていないかを念入りにチェックします。

コーヒーの場合は、コーヒーマシンで淹《い》れてから少し時間が経つと、表面の泡が消えてしまいます。そうしたところも確認して、上に泡がないものは淹れ直すように指示します。紅茶はポットサービスですが、ポットに軽く触れて「アツッ！」と感じるくらいの状態が適温です。ポットに触ったときに、さほど熱さを感じなかったら、これも淹れ直すように指示します。

このとき、若いスタッフは私に怒られないように、次は良いものを出そうと考えがちです。ですが、叱られるのが嫌でやっているとすれば、それは良いことではありません。ただやらされているだけになってしまいます。

本来は、お客様においしいコーヒーを飲んでいただきたいという想いがあれば、最初から最良な状態でコーヒーをお出しできるはずなのです。私はあくまで、その最終チェックをしているだけです。

私の目を気にして仕事をするのではなく、お客様においしいコーヒーを淹れたのは自分なのだという誇りをもってコーヒーを淹れるようにしなさい、とスタッフには伝えています。そこで初めて、お客様からお金をいただくに値する仕事が成立するのです。

指導する側の人間も含めて、スタッフ全員がマニュアルにとらわれるのではなく、お客様に最高のサービスを提供したいという同じ想いで仕事をしていれば、カップの汚れに気づかなかったり、時間の経ったコーヒーをお出ししたりするようなことはなくなります。

10. コーヒーをなかなか出せないとき

レストランでは、お客様が食事を終えられ、あとは最後のコーヒーをお出しするだけというとき、立て込んでいてなかなかお出しできない場合があります。

人は誰でも、何の説明やアクションもなく待たされると不安になります。お客様も同様で、自分のコーヒーのこと、ひいては自分のことが忘れられているのではないかと、だんだん苛立ってきます。

そうしたとき、私たちサービスマンはお客様から「早くコーヒーください」と催促される前に、さまざまなアクションで時間をつなぎます。

ひとまずコーヒーを置くワゴンを持って行って、テーブルの脇につけます。コーヒーはもうすぐ来ますよ、ということを形でアピールするのです。そうすると、お客様も「ああ、ワゴンが来たから、今用意しているのだな」と納得して、待たされるストレスが少し和らぎます。

それでもコーヒーが出てくるまでまだしばらく時間がかかりそうな場合は、少し時間を置いてお砂糖を持って行き、「すぐにお茶が出てまいりますから」と声をおかけします。お客様のコーヒーのことは忘れていないですよと、再度アピールするのです。するとそこでまたいったん、お客様のイライラは和らいで、コーヒーが出てくるまでの時間稼ぎができます。

たまにマジック（手品）を披露して、間《ま》をつなぐこともあります。もちろん本格的なものではなく、デザートをつくるときに使うマッチ棒を用いた単純なものですが、お客様はとても喜んでくださいます。

コーヒーをすぐにお出しできないのは私たちの不手際ですが、それを不手際として、お客様が受け止めたままお帰ししてしまうか、あるいはフォローをしっかりし、お客様に気持ち良くレストランを後にしていただくかは、サービスマンの技量次第といえるのです。

11. メートル ドテルは、オーケストラの指揮者に似ている

メートル ドテルは、レストランの中では、いわばオーケストラの指揮者のような役割を担っています。

レストランには、料理をつくるシェフがいて、その料理を召し上がるお客様がいらっしゃいます。そうしたことはすべて、私たちメートル ドテルがお客様をお迎えし、オーダーをとることで始まります。私たちが動きを止めたら、そこですべてが止まってしまいます。

オーダーをとった後は、お客様に楽しんでいただけるような話をしたり、ソムリエに「今日はこういうお客様なので、ワインをおすすめしてください」と伝えたりします。ソムリエがいないお店であれば、メートル ドテルがソムリエを兼任しています。ですから、ワインの知識も必要ですし、食後酒、シガー（葉巻）などの知識も必須となります。

デクパージュと呼ばれる肉や魚をお客様の前で切り分ける技術を披露することも、メー

トル ドテルの役割です。一組のお客様のためにテーブルの前でショーをする。「あなたのためだけに務めます」という気持ちを込めたパフォーマンスでお客様へのおもてなしの気持ちを表わします。

ショーですから、黙々とデクパージュの技術だけを披露するのではなく、お客様と会話を楽しみながら行ないます。

お客様の好みを伺いながら、「好きな部位はどちらですか？」「ポーションの（一皿分の量）は小さめがよろしいですか？」「では、一番おいしいところをご用意しましょう」といった感じでお話をしながら、お皿に料理を盛っていくのです。

お客様には、目の前で切り分けるパフォーマンスを目で楽しみ、音で楽しみ、香りで楽しみながら、最後に舌で味わっていただく。これが、デクパージュの醍醐味です。

お店のメニューは、基本的にシェフが決めますが、メートル ドテルは、お客様の反応をシェフに伝えたり、ときには料理の見直しを提案することもあります。お客様を飽きさせないために、新しいメニューを提案したりするのです。秋でしたら、「濃い赤ワインがおすすめできるようなメニューをお願いします」という感じです。

お店が開いていない時間も、ほとんど休んでいる暇はなく、テーブルの配置を変えたり、コーディネートを変えたりしています。テーブルセッティングでは、お花も活けたりします。

もちろん、表面だけ良くてもだめなのです。内装がいくらステキでも、床にゴミが落ちていたら台無しです。レストランの中の清掃も、私たちの仕事です。いい空間をつくるためのすべてに関わります。

銀器もしっかり磨きます。1本何万円もする銀器も、使用しているうちに変色してしまいます。ですから、定期的にメンテナンスをし磨く必要があるのですが、そういうものを管理するのも、私たちの大切な仕事です。

レストランは、食べものを提供する場ですから、お客様の安心・安全にも細心の注意を払っています。

お客様が安心して食事ができる空間をつくるため、常に細部までチェックしています。室内の温度は暑すぎないか、寒すぎないか、電球は切れていないか、テーブルに汚れはないか、イスはぐらついていないか、お手洗いに紙はセットしてあるか、サービススタッフの服装は汚れていないかなど、お客様の口に入るものはもちろん、お店の中で目に入るすべてのものをチェックしています。

シェフは、お皿の中を見ます。ソムリエは、グラスとワインのチェックをします。それ以外はすべて、サービスマンの仕事です。

また、一度来てくださったお客様にお手紙を出したり、メールを送ったりして、「特別な料理のディナーがありますよ」とか「そろそろ遊びに来てくださいね」という声をおかけするのも、私たちの仕事です。

私たちサービスマンには、「これをする」という決まりはありません。逆に言うと、お客様に関するすべてのことをしなければいけないのです。ですから、そのときの状況やお客様に合わせて、臨機応変に、いろいろな知識と顔をもつ必要があります。

もちろん、シェフが自分の料理にこだわりをもっているように、サービスマンにもこだわりのサービススタイルがそれぞれあります。ですが、お客様にそれを押しつけることはサービスマンとして失格です。サービスマンに求められているのは、お客様が望んでいることに柔軟に対応し、実現することだからです。

12．お客様から「感動したよ」のひとことをいただく喜び

このようにメートル ドテルの役割は、責任の重い大変な仕事ではありますが、その分、やりがいがあって、緊張しながらも楽しんで毎日仕事をしています。

レストランで食事を終えられたお客様が、お帰りの際に「君の今日のサービス完璧だったよ、感動した」と言われて、背中をぽんぽんと叩いてくださったようなときは、嬉しくて、胸が熱くなります。

お客様からそうした言葉をいただくと、疲れなどどこかへ吹き飛んで、モチベーションがぐんと高まります。次にご来店いただいたときは、もっといいサービスを提供しようと、そういう気持ちになるのですね。

感動していただくようなサービスというのは、最初からそれを目指さなければできません。適当にやっていて、たまたま「感動したよ」と言われることは絶対にないと断言できます。

お客様のことを一生懸命考え、お客様に喜んでいただけるサービスを必死で行なって、まだ足りないのではないか、まだできることがあるのではないかと自問自答しながら、最後のお見送りまで気を抜かずに全力で誠心誠意サービスにあたり、そうして初めてかけていただける言葉だと思っています。

もちろん、いつもうまくいくとは限りません。うまくいかないほうが圧倒的に多いのです。それでも、精一杯やらないとお客様に感動していただくことはできないと思っています。もしも頑張らないでよい結果が出たとしたら、それは運がよかっただけです。そこには感動も喜びもありません。

形のあるものがサービスで、形のないものがおもてなしだと、私は思っています。

お客様の目の前でお肉を切り分けたりするショー的なものは、目で楽しんだり、鼻で香りを感じたりしていただくための、形のあるサービスです。目立つことはわかりやすいので、その場を盛り上げるうえではとても適しています。しかし、それでお客様が感動して帰ってくださるかというと、決してそうではないのですね。

一方で、おもてなしの心が通じたときの満足度が、感動なのだと思うのです。

感動していただくというのは、相手の心に響いてこそ成り立つものです。

私がいくらお客様を感動させようとして必死で最高のサービスを提供しても、お客様の心に響かなかったら、自己満足の域を超えません。

もっとも、それでもサービスマンの仕事としては十分なのです。一生懸命にサービスを提供して、お客様が「ありがとう」と言って帰っていかれる。それでいいのです。

お客様が100％の期待を抱いて来られたら、100％のおもてなしでお返しする。それが本来のサービスマンの役割で、それを実現するだけでも大変な努力が必要です。

けれども、もう少し頑張って100％を101％にできたら、お客様はまた来てくださるかもしれない。お客様に「また来たい」「また会いたい」と思っていただきたいというその一心で、私は今日も明日も、一生懸命に力を尽くすのです。

そのなかで嬉しいことがあったり、感動するようなことがあったりすると、それが私たちの力になるのです。

第4章

おもてなし:
オフィシャル編

1．お店選びは、ゲストの好みを最優先

私は日々ビジネスの接待でレストランを利用される方から、さまざまな相談を受けます。ホスト側はもちろん、ゲスト側からも、「どのようなことに留意したらよいのでしょうか」といった質問を受けることもしばしばです。

おもてなしをするときは、自分がされたら嬉しいことをし、自分がされたら嫌なことはしない、というのが基本です。

まず、ホスト側の視点からお話ししましょう。

ビジネスでお客様を接待するときは、まずお店選びから始めます。**お店を決めるときは、ゲストの好みに合わせて選ぶのが原則です。**

「今度、お食事でもいかがでしょうか」とゲストに声をかけ、「おお、いいね」と乗ってきたら、さりげなくゲストの好みを聞き出すような質問をしてみます。

「○○さんはとてもグルメな方ですから、いつもおいしいものを召し上がっておられるの

でしょうね。普段、外食をされることは多いのですか?(外食が多い場合は)どういうところへよく行かれるのですか?」

そうした質問をすると、食べることが好きなゲストであれば、気持ち良くお話ししてくださると思います。

特定の食品に対するアレルギーをもっておられる方もいらっしゃいますので、そこについても必ず確認しておきます。「苦手なものもありますか?」といった話から始めて、「最近はアレルギーのある人も多いですが、そういう方は大変みたいですね」と探りを入れていきます。

一方、「どのようなお店がお好きですか?」と尋ねても、「お任せします」という答えが返ってくる場合もあるでしょう。

食に関して具体的な好みが聞けなかったときは、ゲストのお人柄などによって、「こういう方はスタンダードなお店がいいな」とか、あるいは「こういう方だったら、スタンダードなお店より、少しひねったほうが逆に好きかもしれない」ということをいろいろと考えます。いずれにしても、苦手なものだけは確認しておく必要があります。

ご本人に確認しづらいときは、同僚や部下の方に「○○さんとは、いつもどういうお店へ行かれているのですか？」と、さりげなく尋ねてみるのもいいでしょう。

場合によっては、ゲストのほうから、自分のお気に入りのお店をリクエストしてくることもあると思います。これが、一番間違いがなく、ホスト側も楽です。

ただし、予算の折り合いがつかないと大変なことになります。予算がどうしても足りなくて、結局、ゲストが指定したお店よりランクが下のお店で接待することになれば、双方にとって気まずくなります。おもてなしとしては失敗といえるでしょう。

ですから、予算が少ない場合は、接待の話は出さずに、仕事の合間の会話の中でさりげなくゲストの好みを読み取り、「このお客様はこういうところがお好きでおられるようだから、あのお店にお連れしよう」と決めてから、お誘いするのがいいと思います。

いずれの場合も、**ゲストの好みを優先することが大切です。**

ホスト側が先に気を回して、ゲストの好みも聞かずに「評判のお店を予約しましたので、ぜひいらしてください」と勝手に用意すると、ゲストの好みに合わないお店だった場合、逆効果になってしまいます。アレルギーのある食材を使用した料理を出してしまった場合、取り返しのつかないことにもなりかねませんので、くれぐれも注意しましょう。

2. お店を決めるときには、必ず下見に行く

お店選びをするときは、そのお店の雰囲気にも配慮する必要があります。

会話をするのがメインの接待であれば、静かで話がしやすい落ち着いた雰囲気のお店を選ぶのがいいでしょう。込み入った話であれば、個室を用意します。

一方、賑やかなところが好きなゲストなら、話は別の機会にして、わいわい賑やかに食事を楽しめるお店を選ぶことをおすすめします。この場合は、個室より、レストランのダイニングで食事を楽しんでいただくほうが適しています。

最近は、インターネットを使ってレストランを探すケースも多いと思います。その場合は、**事前に必ず下見に行くことをおすすめします。**食事はしなくても、見るだけでもまったく問題はありませんので、あらかじめ足を運んでみたほうが安心です。ホームページに掲載されている写真と説明だけで決めてしまって、当日行ってみたら、まったく印象が違っていたとなると大変です。

経費が多少かさんだとしても、大事なお客様をお迎えするわけですから、念には念を入れたお店選びをすることが大切です。

初めて行くお店だと、勝手がわからないので、ホスト側も緊張しながらもてなす形になります。余裕をもってお迎えするには、せめて一回は足を運んでおきたいものです。

できれば、**普段から「ここなら安心して接待に利用できる」と思えるお店をいくつかもっているのがベストです。**ホームグラウンドのような、自分の馴染みのお店ですね。

自分の馴染みの店というと、どうしてもタイプの似たところに偏りがちですが、**ゲストに合わせてどのような場でも用意できるように、いろいろなお店を開拓しておきたいもの**です。これもビジネスパーソンとしての、おもてなし術のひとつといえるでしょう。

そうしたお店は仕事で使うだけでなく、プライベートでも定期的に利用し、お店のスタッフと親しくなっておくと、次の項目でお話しするように、接待の当日にもさまざまなサポートが得られるでしょう。

いずれにしても、お店選びを間違えると、それまで築いてきた信用を一気に失うことにもなりかねません。逆にいえば、いいお店を選んで、いいおもてなしができれば、ゲストとの関係性はぐっと近づくはずです。

郵　便　は　が　き

料金受取人払郵便

神田局
承認

1551

差出有効期間
平成28年8月
31日まで

101-8791

511

東京都千代田区
神田神保町1丁目17番地
東　京　堂　出　版　行

※本書以外の小社の出版物を購入申込みする場合にご使用下さい。

購入申込書

〔書　名〕	部数	部
〔書　名〕	部数	部

送本は、○印を付けた方法にして下さい。

イ.下記書店へ送本して下さい。
（直接書店にお渡し下さい）

（書店・取次帖合印）

書店様へ＝貴店帖合印を捺印の上ご投函下さい。

ロ.直接送本して下さい。

代金（書籍代＋手数料、冊数に関係なく200円）は、お届けの際に現品と引換えにお支払い下さい。

＊お急ぎのご注文には電話、FAXもご利用下さい。
電話　03−3233−3741㈹
FAX　03−3233−3746

愛読者カード

〈本書の書名〉

フリガナ お名前	年齢 　　　　歳	男 女

ご住所　　（郵便番号　　　　　　　　）

電話番号　　　（　　　　）

メールアドレス　　　　　　　　　@

ご職業	本書をどこでご購入されましたか。
	都・道 府・県　　　市・区　　ネット書店　　書店

■お買い求めの動機をお聞かせ下さい。（複数回答可）

A 新聞・雑誌の広告で（紙・誌名　　　　　　　　　　）
B 新聞・雑誌の書評で（紙・誌名　　　　　　　　　　）
C 人にすすめられて　D 小社のホームページで　E インターネットで
F 書店で実物を見て　（1.テーマに関心がある　2.著者に関心がある
3.装丁にひかれた　4.タイトルにひかれた）

■本書のご感想、お読みになりたいテーマなどご自由にお書き下さい。

■ご関心のある読書分野（複数回答可）

A 日本語・ことば　B 外国語・英語　C 人名・地名　D 歴史・文学
E 民俗・宗教　F 自然・気象　趣味（G マジック　H ハーブ・アロマ
I 鉄道　J その他　　　　　　　　）　K その他（　　　　　　　）

★ご協力ありがとうございました。ご記入いただきました個人情報は、小社の愛読者名簿への登録、出版案内等の送付・配信以外の目的には使用しません。
愛読者名簿に登録のうえ、出版物のご案内をしてよろしいでしょうか。

（□ はい　　□ いいえ）

なお、上記に記入がない場合は、「いいえ」として扱わせていただきます。

3. お店のスタッフを味方につける

お店の下見に行って「ここなら大丈夫だ」と思ったら、その**お店のスタッフに相談してみることをおすすめします。**

「日頃お世話になっている取引先の方をお招きしたいので、このくらいの予算でセッティングいただけますでしょうか」

そんなふうに声をかけると、メートル ドテルが丁寧に対応してくれるでしょう。とくに、ゲストの情報がほとんどなくて、予算も限られているような場合は、自分たちで頭を悩ませているより、サービスのプロにアドバイスを請うのが一番です。

お店によっては、それをプレッシャーに感じて嫌がるところもあるかもしれませんが、お客様の要望にできる限り応えたいと思っているお店であれば、「よし、一緒に頑張ってみましょう」と協力してくれるはずです。

実際に、私の勤めるレストランにも、事前に下見に来て、料理のメニューからお酒のすすめ方、テーブルの位置、果ては言葉のやりとりまで、スタッフと綿密に打ち合わせをされる方もいらっしゃいます。

事前にそうした綿密なコミュニケーションがとれていれば、店側も、いろいろな形でサポートできます。

とくに、日頃からひいきにしていただいている常連のお客様から、「接待の席を用意してほしい」と依頼があれば、ゲストに関してより詳しい情報を得られる分、万全の態勢で当日に臨むことができます。

ゲストの好みを存分に加味したお酒や料理を提供できますし、趣味・趣向に合わせた会話もできます。

コーヒーをお出しするときも、ゲストが「このコーヒー、おいしい」とおっしゃったら、「さすがでございますね、そうなんです、このコーヒーの豆はですね……」とお話しして、ゲストの気持ちを高めるお手伝いをします。このとき、ホストも一緒に話に乗っていただけると、三角の良い関係ができあがります。

場合によっては、スタッフが代わる代わる挨拶に行って、「本日はようこそいらっしゃいました」「当店の支配人を紹介させていただきます」といった具合に、店全体でゲストを盛り立てることができます。

ゲストにとっては、特別扱いしてもらっている、とホストの心遣いを感じ、嬉しくなることでしょう。

もちろん、ゲストが静かに食事を楽しみたいタイプの方であれば、私どものほうから声をかけるのは控えて、おいしい食事と、居心地の良い環境を提供することに徹します。

4．早めに予約を入れて、席の位置にも配慮する

お店が決まったら、ゲストの都合のいい日と時間に合わせて、早めに予約を入れます。このとき、**お店側に利用目的をある程度伝えておいたほうがいい**でしょう。たとえば、「仕事先の大切なお客様を2人招いて、4人でお食事させていただきます」と伝えると、店側はそれに応じた配慮をしてくれます。

とくに、ビジネスの接待では、レストランのどの席に座るかということが重要です。入り口に近いところですと、どうしても人の出入りがありますから、静かにじっくりと話をしたいときは、奥の席のほうが適しています。

また、世間に顔の知られた人をお連れする場合は、目立つ席だと周囲の人たちが気づいて、落ち着いて食事ができなくなる可能性があります。ですので、個室を用意したり、少し奥のほうの人目につかない席を用意してもらうように頼みます。お店側にとっても、「おそらく有名な方がいらっしゃるのでは」という心構えができるので、よりスムーズな対応が期待できるでしょう。また、足が不自由である方だったりお年を召している方など、ゲストのお身体の具合なども配慮して席を予約しなくてはなりません。

とはいえ、ゲストの都合がいい日に、最適の席が空いているとは限りません。店側は、基本的に予約が入った順に席を用意していきますので、末席のテーブルしか残っていないことがあります。

ですから、**予約を入れたとき、必ず席の場所を確認します。**末席しか空いていないと言われた場合は、お店の人に大事な接待であることを伝え、別のテーブルを用意してもらえないか交渉してみます。そうすると、キャンセルが入れば、いい席に変えてもらえる可能性がありますし、店側の配慮で別の席に変えてもらえる場合もあることでしょう。

それでも末席になる可能性は高いので、事前にゲストに事情を伝えておくといいでしょう。

「人気のあのお店の席が何とか取れたのですが、最後の一テーブルでしたので、いいお席かどうかはちょっとわからないのです」

もちろん、ゲストの人柄や、両者の関係性にもよりますので、必ずしも正直にお伝えするのが良いとはいえない場合もあります。しかし正直にお伝えすれば「まあ、あの店で料理を楽しめるなら、席は二の次でいいか」と納得してくださる場合が多いのではないかと思います。

逆に、末席であることを隠して当日を迎えると、ゲストの期待が高まっている分、末席へ案内されたときの失望感が大きくなります。「なんだ、私は末席なのか」という気分になってしまうわけです。こうした良くない心象は、ゲストの中に深く刻まれます。せっかくのおもてなしの席が、逆効果になってしまいます。

おもてなしをするうえでは、気遣いの言葉をひとこと添えるかどうかということが、とても大きな意味をもっているのです。

逆に、末席だと伝えられて店へ来てみて、思いがけずいい席に座れたとなれば、期待していなかった分、とても喜ばれることでしょう。

私自身、ときおりそうした配慮をします。当日、来店されたときに、「大事なお席だと思ったので、何とかアレンジして、特別にこちらにお席をご用意させていただきました」とこそっとお伝えすると、ホストとゲストがともに喜んで、その後、常連さんになってくださるケースもあります。

5. メニューを事前に決めておくか、当日決めるか

ゲストが洋食がお好きということで、フランス料理のレストランで接待をすることが決まったとします。次に考えなければいけないのは、当日のメニューです。

ゲストにとくに苦手なものがなくて、「どのような料理でも構いません」と言われたような場合は、お店の人に予算を伝えて、その範囲で最高のおもてなしを一緒に考えるとい

いでしょう。

事前にメニューが決まっていたほうが、店側は余裕をもって準備万端の態勢でお迎えすることができます。

一方、ゲストが、フランス料理に詳しいグルメの方だったり、好き嫌いが結構ある方だったりする場合は、当日、ご本人が到着されてから、お好きなものを選んでいただいたほうが無難です。

この場合、予算をある程度抑えたいときは、事前にお店の人と相談して、予算内で収まるものをゲストにすすめてもらえるようにするといいでしょう。

ゲストがお酒の好きな方でしたら、予約を入れるとき、お酒の好みもお伝えしておきます。そうすると、レストランであれば、お客様が来店されたときソムリエが好みに合わせてお酒をすすめてくれます。

6．どこでお迎えするのがベストか

接待の当日、ホストとゲストがあらかじめ別の場所で待ち合わせをして一緒に来るのでも構いませんが、もし**直接レストランで待ち合わせる場合は、ホストが早く来て、ゲストをお迎えするのが原則です。**

ビジネスの待ち合わせであれば、ゲストはほぼ時間通りに来られます。日本では、５分前に到着するのがマナーですから、お迎えするほうは10〜15分くらい前からスタンバイしておきます。

では、「どこでお迎えするのが一番いいのでしょうか」という質問をよく受けます。入り口の外で待つべきなのか、それとも入り口の中で待ったほうが自然なのか、あるいは席で待っていてもいいのか、とあれこれ迷う人が多いようです。

どれが正解かと聞かれても、ゲストの人柄や、ゲストとの関係性によって異なりますし、その日の接待の目的がどのようなものかもわからないまま、簡単にお答えすることはできません。

ですから、

「どこでお待ちいただくかは、お客様次第です」

私はいつもそうお答えします。

ゲストが到着すれば、プロのサービスマンが的確な対応でお迎えし、席までご案内します。ですから、ホストが席で待っていても、とくに失礼ということはないでしょう。

それでも、入り口まで出迎えてもらえたら、悪い気はしないはずです。マイナスには絶対になりません。

ゲストがわりとラフな人柄であっても、席で「待って迎える」という姿勢ではなく、一歩踏み出して迎えたほうが、ゲストの心象は間違いなく良くなることでしょう。

たとえ自動ドアであっても、ドアの内側で待って迎えるよりも、お客様の姿が見えたら、自分で自動ドアを開けて外に出て、「いらっしゃいませ、どうぞ」と迎え入れる。そうしたちょっとした気遣いが、おもてなしにはとても大切だと思います。その姿が決してスマートでなかったとしても、お客様には心遣いが必ず伝わります。

とくに、ゲストが大事なビジネスの相手の場合、そうしたささやかな印象の差が、のちのち大きな差として影響する可能性があります。

どこで待つかはその人の判断ですが、心の底からお出迎えしようという気持ちがあれば、迷う前に体が動いて入り口まで行くのではないでしょうか。

また、席にご案内する前に、トイレに行かれるかどうかお尋ねするような配慮があっても、よいかもしれません。

すべて相手の立場に立って考えることが温もりのあるおもてなしのベースにあると、私は思っています。

7. 自然な笑顔でお迎えする

私の勤めるレストランでも、ビジネスの接待で待ち合わせをされているお客様の出迎えの仕方はさまざまです。

ゲストが来るまで、入り口でずっと立って待っている方もおられますし、私たちサービスマンに「ゲストが来たらバーへ通してください」と言って、バーでお迎えするゲストもいます。

また、レストランのバーの窓から車寄せが見えるので、バーで部下が一人待っていて、ゲストの車が見えたら入り口へ行ってゲストをお迎えし、上司の待っている席へご案内するという方もいらっしゃいます。

ゲストの反応もさまざまで、入り口まで出迎えてもらったことを素直に喜んでおられる方もあれば、「なぜ私が来たのがわかったのですか？」と驚いている方、さらには丁寧にお出迎えされたことに恐縮してしまう方もいます。いずれの場合も、悪い気はしていないと思います。

ゲストをお迎えするとき、ホストはほぼ例外なく笑顔になります。

親しい間柄であれば、会った瞬間に自然にこぼれるような笑顔になるものですが、仕事で数回しか顔を合わせていない人を満面の笑みで迎えるのは、なかなか難しいものです。実際にホストを見ていますと、ぎこちない笑顔になっている人をよく目にします。

一生懸命に笑顔でお迎えしようとしている気持ちは伝わりますが、ひきつった笑顔を見せられたゲストは、たいてい同じように笑顔がひきつります。

ビジネスの世界では、たとえ苦手な相手であっても、愛想をよくしなければいけない場面もあることでしょう。それでも、過度につくったものは相手の心に響きません。それは、おもてなしとはいえないでしょう。

もちろん、どのような人に対しても精一杯の笑顔で対応したいという人は、それでいいのです。苦手な相手にも、ステキな笑顔で対応できる人がいるのも事実です。

一方で、苦手な人に対して必要以上にエネルギーを注ぐなら、別のことにそのエネルギーを向けたほうがいい、そういう考えも悪くありません。そうした人は、無理に作り笑いをするよりも、控えめな笑顔で迎え入れるほうが、相手にとって印象がいいと思います。

いずれにしても、自分にとって「その行為は理由がある」というところが、最も大切だと私は思っています。

やるにしてもやらないにしても、すべてにちゃんと理由がある。

そこにこそ、おもてなしの神髄があるのです。

8. 挨拶するときは感謝の言葉を忘れずに

ゲストをお迎えしたときは、まず来てくださったことに対する感謝の言葉を述べるのが礼儀です。

「ああ、どうも」という簡単な挨拶だけではなく、「今日は雨の中、遠方からご足労いただいてありがとうございます」という、相手を気遣うひとことを加えると、それだけで印象が大きく変わります。

また、相手との関係性によっても、それぞれ的確な挨拶の言葉はまた違ってきます。

親しい間柄の相手を接待するときは、対等な関係ですから、相手の目を見ながら笑顔で「今日はお越しいただきましてありがとうございます。お目にかかれて嬉しいです」と率直に言うだけで想いは伝わります。

また、仕事でお世話になった方と久しぶりにお会いしたようなときは、「○○様、またお会いできて本当に光栄です」と言って、全身で喜びを表現するほうが、相手も嬉しいはずです。

一方、謝罪のために席を設けて、相手の方を迎えるようなピリピリした雰囲気のときは、完全にホスト側は下の立場なので、入り口で顔を合わせたら、まずは深々とお辞儀をします。

そして、「このような遠いところまで足を運んでいただいて申し訳ございません。大切なお時間を割いていただいてありがとうございます」などと、感謝ももちろんですが、お詫びの言葉を入れる必要があるでしょう。

シチュエーションによって違いますが、誠意を見せることを大切にしなくてはなりません。

9．名刺交換は会話の糸口を見つけるチャンス

ゲストが席に到着すると、初対面の人同士の間では、名刺交換が行なわれます。

名刺を交換するときは、「初めまして、〇〇課で部長をしております〇〇と申します。よろしくお願いします」と自己紹介しながら、名刺を両手で持って差し出し、立場が下の人間が、相手よりも下に出すというのが一般的なマナーとされています。

ビジネスの場面では、スタンダードが最も無難ですから、一般的なマナーを身につけておくことは大切です。そこにさらに、相手の関心をひく気の利いたひとことを付け加えると、ただの名刺交換が、おもてなしのひとつになります。

私の場合は、名刺にその人のこだわりを見つけて、その感想をお伝えするということがよくあります。

先日お会いした方の名刺には、押し花が飾られていましたので、「ステキな名刺ですね。このお花は一枚ずつ違うのですか？」と尋ねたら、とても嬉しそうに説明してくださいました。

押し花の名刺をいただいたら、とても印象に残りますし、名刺を大切にとっておきたくなります。ですから、ビジネスでは利用価値が高いと思います。名刺交換のたびに話が盛り上がることでしょう。

また、デザインや紙質がステキだったら、その想いを素直に伝えると、必ず相手の方は自分のこだわりについていろいろ話してくださいます。

珍しいお名前だったり、読み方のわからないお名前だったりしたときは、お名前について話題にすることもあります。名前の話題は一見無難な気がしますが、実はリスキーでもあります。

たとえば、私の名前は宮崎辰ですが、名刺を出すと〝辰〟の字を見て、「お名前は何とお読みするのですか？」とよく質問されます。「しんと読みます」とお答えすると、「珍しい名前ですね」とか「ステキなお名前ですね」と言われます。私はどちらの感想を言われても気になりませんが、珍しいと言われて嫌な思いをする人もいるかもしれません。また、ステキな名前と言われても、本人があまり気に入っていない場合もあります。

そもそも、珍しい名前の人は、名刺を出すたびに名前のことを言われているはずなので、名前のことに触れられること自体を面倒に思っている可能性も考えられます。

そうした細かいところにも心を砕きながら、私は名刺をいただくときはいつも、何かひとこと、お伝えするようにしています。

共通の話題を見つけるのも良い方法です。会社の住所が大阪と記されていて、その方が関西弁を話していたら、「私も大阪に大好きなお店があって、よく行っているんですよ」

とか「出身校が関西なんですよ」と伝えると、そこから話が広がることもあります。

10. 座る場所と順番

名刺交換が終わったら、メインホストが、メインゲストを上席へ促します。サービスマンが最初にご案内するイスが、メインゲストの席です。

ビジネスの集まりで、メインホストが、ホスト側の会社の役員クラスの場合、フランスのプロトコールに則って座るのが基本です。

たとえば、ホスト側のA社は、社長、専務、常務の3人で、ゲスト側のB社は、会長と社長、副社長の3人が来たとします。このとき、A社の社長がメインホストで、B社の会長がメインゲストとなります。

そうすると、まずメインゲストのB社会長が上座の真ん中に座り、その向かいにメインホストのA社社長が座り、あとは次頁の図のような順番で座ります。料理も、その順番でお出しすることになります。

レストランに予約を入れるとき、ゲストとホストのそれぞれの人数をスタッフに伝えておくと、上座と下座に分けて人数分のイスをセッティングしておいてくれるところもあります。

最近のフランス料理のレストランは、お客様の判断で自由に座っていただいているところもあります。

そもそも、上座の定義もやや複雑になっていて、通常は奥の席にゲストが座って、通路側にホストが座りますが、夜景のきれいなレストランだと、通路側のほうが景色がきれいに見えますから、通路側の席にゲストを誘導するお店も多いのです。

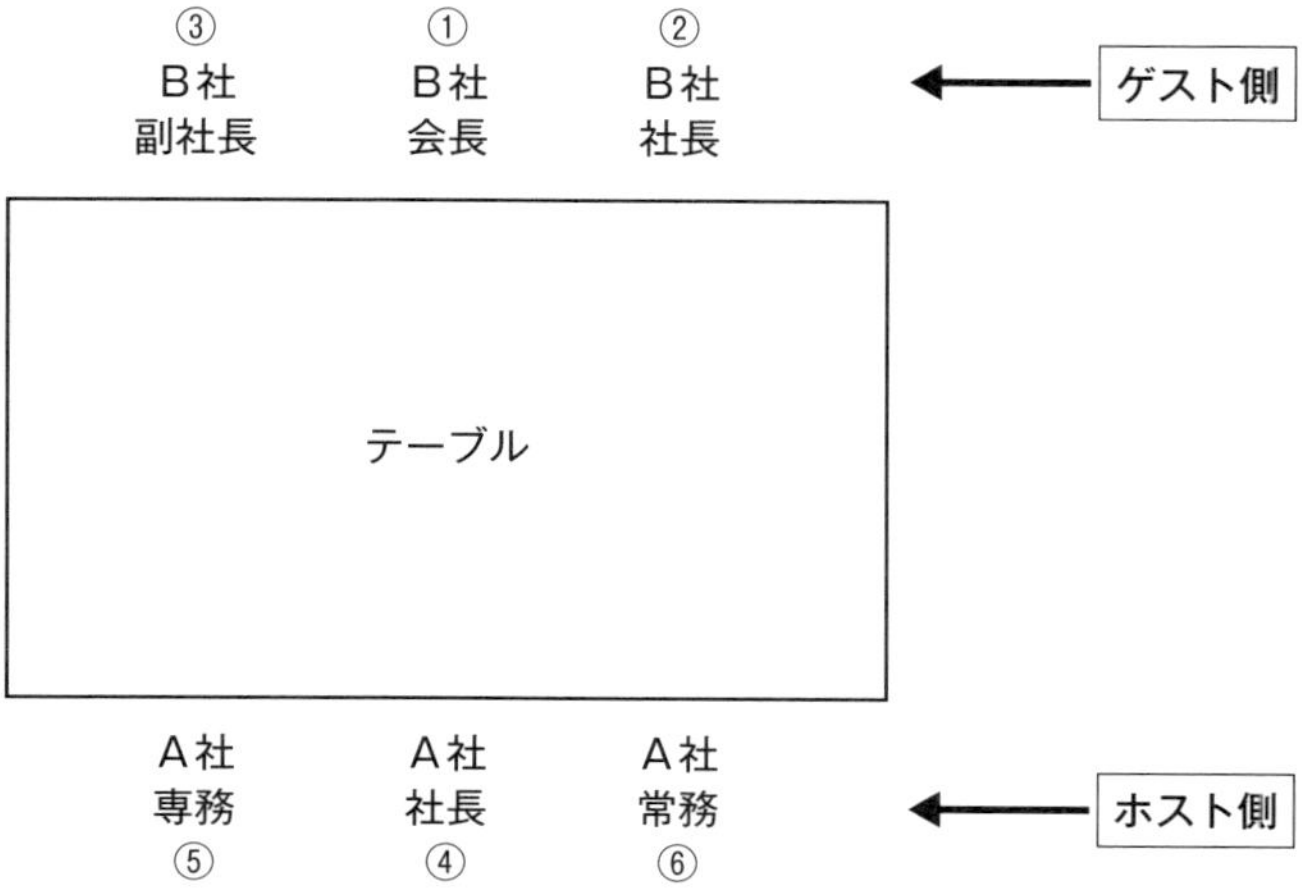

上座がどこかわかりづらい席で、お店のスタッフが誘導してくれないときは、ホストが臨機応変に「こちらが上座ですが、こちらのほうが景色がきれいですから、こちらのお席はいかがですか？」と、ゲストにおすすめしても構わないでしょう。

ただし、ビジネスの打ち合わせがメインの会食で、景色のよしあしなど関係ないときは、一般的な上座にゲストをおすすめするのが無難です。

11. 食事時間の上限をゲストと店側に伝えておく

ビジネスの接待であっても、「今日は仕事の話は抜きで」といった打ち上げのような席であれば、料理が運ばれてきたら、話の途中であっても「どうぞ、お召し上がりください。温かいうちにいただきましょう」と、ホストが声をかけるようにします。

ゲストが話し好きで、料理がテーブルに運ばれてきても、話を続けているようなときは、話が一段落するまで少し待つのも礼儀です。

一方、込み入った話をしていて、料理は二の次というときは、お店のスタッフに「料理はゆっくり出すようにお願いします」と伝えるのもひとつの方法です。ただし、料理を出すペースを遅くすると、本来2時間くらいで終わる食事が、2時間半になったり、3時間近くになったりします。

これでは料理の味も半減してしまいますし、ゲストが帰る時間が迫ってきて、最後のデザートやお茶をあわてて食べたり飲んだりしなければいけない、という事態に陥る可能性も出てきます。

もちろん、仕事の案件が優先となれば仕方ありませんが、せっかく接待の場所をフランス料理のレストランに選んだ意味が失われてしまいます。ゲストの心象も決して良くないでしょう。

そうならないように、あらかじめ時間の上限を、店のスタッフに伝えておくようにしましょう。「2時間以内に終わるようにお料理を出してください」とか「21時にはお店を出られるようにセッティングをお願いします」と言っておいていただけると、サービスマンはその時間に合わせてすべて用意します。

事前に終わる時間がわかっていれば、サービスマンは逆算して、その時間を遵守します。たとえば、18時半に来店されたお客様が、20時半にタクシーを呼んでお帰りになる予定だと伺えば、20時までに料理をすべて出し終えて、デザートの準備をし、20時15分には必ずコーヒーをお出しする必要があります。そのためには、19時45分までにメインディッシュのお肉を出していないといけない、というように計算していくわけです。

私の場合、お客様のご希望の時間内に食事が終わるため、「宮崎さんは魔法を使えるのですか？」と聞かれることがあります。「そうなんです。魔法が使えるのです」と冗談でお答えしますが、その裏には何度もの失敗があったことは3章でお話しした通りです。

12. 食事のペースはホストとスタッフが協力して調整

食事のペースは、ゲストに合わせることが基本です。

ホストの食べるペースが遅くて、ゲストをお待たせするのは良くありません。ホスト側の人間は、ゲストよりもやや速いペースで食べるようにし、最終的に同じくらいに終わるように調整します。

お店のサービスマンは、ゲストの食べるペースに合わせて、次の料理を準備しています。ゲストをお待たせすることはできないからです。

ですから、ホストが食べている途中であっても、ゲストが食べ終えたら、ゲストのお皿にお下げする場合もあります。通常、テーブルの全員が食べ終えているのを確認してから皿を下げるのが基本です。だからいつもこのようなことをするわけではありませんが、「ゲストの方がお待ちですよ」という無言のメッセージをホストに送り、接待でのホストの印象が良くなるようサポートするのです。

一方、ホストが早く食べすぎても、ゲストに気を遣わせてしまいます。ゲストがおしゃべりに夢中で、食べるペースが遅く、ホストのほうが早く食べ終わってしまいそうなときは、ホストは少しだけ料理を残してナイフとフォークをいったん置きます。そして、ゲストが食べ終える直前に、最後の一口を食べるようにします。

そうすると、ゲストは自分のペースで料理を食べられるので、満足感も高まります。

ただし、時間に制限がある場合、店のスタッフが時間通りに料理をお出ししようとしても、ゲストがゆっくり食べていたら、時間がどんどん押してしまいます。

私は、見た目でだいたい食べるペースを予測できますが、それでも私たちサービスマンのほうから、ゲストに対して食べる時間を急かすようなことはできません。時間がないからといって、ゲストが食べ終わっていないのに、最後のデザートをお出しするわけにはいかないのです。

もちろん、ホストから「もうデザートを出してください」と言われれば「わかりました、ではお持ちいたします」となりますが、ゲストはあまりいい気持ちはしないでしょう。

ですから、食事を予定の時間内に収めるには、お店のスタッフだけでなく、ゲストにも終わりの時間を事前にお伝えしておくことが大切です。そして、食事をしながら、店のスタッフと適宜アイコンタクトなどでやりとりしながら、食べるペースを調整することが望まれます。

そこまで事前に打ち合わせをしたうえで当日を迎え、お店のスタッフと一丸となってゲストをおもてなしすることが、接待を成功させる大きなポイントです。

ゲストの流儀① 苦手な食べものは事前に伝える

ビジネスの接待の場では、招かれる側（ゲスト）の側も、心がけておきたいマナーがあります。

自分が接待してもらう場合、ホストのほうから事前に「どういうものがお好きですか？」と聞いてもらえると気が楽ですが、「今度、おいしいお店にご招待しますね」と言われて、どのようなお店なのかを教えてもらっていないまま、お店へ直行するとなった場合、苦手なものがある人は不安を覚えるでしょう。

日本人の感覚として、ご馳走してもらう立場の人間が、聞かれてもいないのに「あれが苦手です」「あの食べものにはアレルギーがあります」と言うのは失礼だという想いがあります。

しかも、ホストの配慮不足ならいざ知らず、ホストがあえてゲストに喜んでもらうためのサプライズとして、お店の名前を伏せているようなときは、ますます好き嫌いの話は言い出しにくいものです。

たとえば、私の場合、苦手な食べものが2つあります。ひとつはモツです。ビジネスでお付き合いのある方から食事に誘われたとき、「いいお店があるんですよ」とモツ鍋屋さんに連れて行かれたらどうしよう、といつも考えます。

幸い、モツ鍋屋さんに誘われたことは一度もないですが、和食のお店に連れて行っていただいたとき、もうひとつの苦手な食べものが出てきたことがありました。それは、馬刺しです。しかも、かなり上等な馬刺しでしたので、本当にまいりました。

相手に失礼のないように、必死で一切れだけ食べましたが、さすがにそれ以上は無理で「実は生肉は食べられないのです」と正直に告げたら、その場がちょっと気まずい雰囲気になってしまいました。

ホストに気を遣ったはずが、逆にホストに嫌な思いをさせる結果になってしまったのです。そうならないためには、**食事に誘われた時点で、自分のほうから苦手な食べものや、アレルギーの有無などをはっきり伝えておくことが、本当の相手への配慮であり、接待される側のマナー**だと痛感しました。

私の場合、好きな食べものであっても、仕事柄、その日は食べられないものもあります。仕事の前の日は、ニンニクの入っている料理は口にしないと決めています。ニンニクのにおいが翌日まで残ってしまうからです。

ですから、翌日が仕事の日にお誘いを受けたときは、「翌日に仕事がありますので、ニンニクは食べられないのです」と必ずお伝えします。そうすると、苦手なモツ料理も自然に回避できます。相手に不快な思いをさせることなく、断ることができるのですね。

苦手なだけでなく、特定の食べものにアレルギーのある人は、必ず伝えるべきでしょう。遠慮して伝えないまま、その食材の入っている料理を口にしてしまったら、自分が苦しい思いをするだけでなく、招待してくれた人たちにも迷惑をかけることになります。

ご馳走してもらう立場で、あれこれ注文をつけるのは、確かに気が引けますが、伝え方さえ工夫すれば相手に不快な印象を与えることはありません。むしろ、ある程度特定したほうが、ホストも探す手間が省けて楽だと感じる人もいるでしょう。

もちろん、接待してもらう立場であることを忘れてはいけません。

おいしいものをご馳走していただけるなら、何でもいいのですよという雰囲気を漂わせながら、「そうですねえ、フランス料理が好きですけど、普段、和食のお店にあまり行かないので、和食もいいですよね。イタリアンもおいしいですし、ああ、でもやっぱり日本人だから和食かな」といった感じで、食べたいものを控えめにアピールするのもひとつの方法です。この場合は、和食を接待場所に選ぶと喜ばれるでしょう。

ホストとの関係性が近ければ、こちらから積極的にリクエストしてみるのもいいと思います。

以前、大阪の知り合いの方から食事に誘っていただいたとき、「コテコテの大阪の人たちで賑わっているお店へ行ってみたい」と伝えたら、地元の人しか知らないような串カツのお店へ連れて行ってくださいました。

夕方の早い時間でしたが、すでに酔っぱらった男性客たちがたくさんいて、スーツ姿の私を見て「なんや、にいちゃん、どこから来たん」と声をかけてくださり、「ソースは二度漬けしたらあかんで」と気軽に話しかけてくれて、招いてくださった方たちと一緒に大いに盛り上がりました。

こうした接待は、本当に楽しくて嬉しいものです。予算もそれほど高くないので、気楽にご馳走になれます。

接待する側としては、「会社の経費で落とせるのだから、普段行かないような高級なお店に行きましょうよ」と思う人もいるかもしれませんが、長くお付き合いするうえでは、相手に負担をかけないほうが良いでしょう。
これも接待される側のひとつのマナーなのです。

ゲストの流儀② 時間の上限を伝えておく

私が接待していただく場合は、時間に制限があるときは、必ず事前にはっきり伝えます。夜の食事のお誘いであれば、

「その日は20時半までに品川駅へ行って新幹線に乗らなければいけないのですが、時間的に大丈夫でしょうか」

と確認して、大丈夫ということであれば、喜んでお誘いを受けます。

職業によっては、約束していた日に急に仕事が入って、1~2時間到着が遅れるようなことがある人もいるでしょう。そうしたときは、あらかじめそのことを伝えておくのも、ゲストとして配慮すべきことです。

日本人は、時間を守るということに対して非常に敏感ですから、時間に関することはきっちりしておかないと、たとえ接待される側の人間であったとしても、信頼を失うことにつながりかねません。

ゲストの流儀③　きちんとお礼を言う

私がもうひとつ心がけているのは、料理が出てきたとき、そのたびにお店の人に「ありがとうございます」と感謝の言葉を伝えることです。これは接待されるときに限ったことではありませんが、そのお店がホストの行きつけのところだったりした場合は、より丁寧にお礼を言います。

私自身、お客様から「どうもありがとう」と言葉を返していただけると、とても嬉しいからです。お店だから料理やお茶が運ばれてくるのは当たり前と考えるのではなく、自分のためにつくり、持ってきてくださったのですから、お礼を言うのはマナーなのです。

食事が終わって、ホストとお別れするときには、ホストに必ず「ありがとうございます」とお礼を言います。あとでお手紙やメールをお送りすることもあります。当たり前のことのようですが、お礼の言葉を伝えることを欠かさずできる人は少ないですし、ホストもゲストが食事を楽しんだことを知ることができ、安心されることでしょう。

以上、ホストがゲストをレストランでもてなすときのコツを紹介してまいりました。私たちサービスマンの役割は、ホストの想いをくみ、絶妙なアシストをすることで、おもてなしがスムーズに行くよう最大限サポートすることです。いわば「黒子」の役割です。

こうしておもてなしが成功すると、何事にも代えがたいほどの嬉しさと、達成感を感じます。そしてまた次も、もっと満足していただけるよう頑張ろうと思うのです。

第 5 章

おもてなし:
プライベート編

1．ホストは、ゲストとともに楽しむ

オフィシャルのおもてなしは、4章でお話ししたように、自分は置いておいて、ゲストを最優先で楽しませることが求められます。

一方、プライベートでのおもてなしは、友人など親しい間柄の人、自分が好んで付き合っている人に対して行なうものですから、**その人に楽しんでもらうことが自分の喜びにもつながり、自分も一緒に楽しめる**ところが、オフィシャルのおもてなしと決定的に異なる点です。

食事のメニューを決めるにしても、ビジネスの接待では、前章で申し上げたように、ゲストの好みが最優先となります。

ですが、プライベートならば「何を食べたい？」と相手に尋ねて、「私はこれが食べたい」という答えが返ってきたら、「ああ、それおいしそうだね。じゃあ、それにしよう」、または「最近気に入っている店があるんだけど」などといったやりとりのなかで、何を食

べるか決めていくことができます。そのやりとりを含めて、プライベートの場合は、ゲストと一緒に楽しめるわけですね。

手料理でもてなすときは、招く側のホストが「これをぜひ食べてもらいたい」というものを用意することも「あり」です。もちろん、ゲストの苦手な食べものや、アレルギーの有無は、事前に確認しておく必要がありますが、それ以外は自由でいいのです。

一般によく言われるのは、外国人と比べて日本人は、家に人を招いておもてなしするのが、あまり得意ではないということです。

お正月やお祭り、お祝い事などの特別な行事があるときに、親戚や地域の人たちを呼んで、手作り料理でもてなすことはあっても、日常的に気軽にホームパーティを開いて、家族ぐるみでおもてなしをしているような家庭は、そう多くないと思います。

とくに最近は、家族以外の人と食事をするときは、もっぱら外食で、親や親戚が遊びに来たり、あるいは子どもの誕生会も、レストランなどを利用するケースが増えている印象があります。

理由としては、「うちは狭いから」「家の中が散らかっているから」「料理が得意ではないから」といったことのようです。おそらく、多くの方が自宅でおもてなしをすることに慣れていないのでしょう。

ですから、何らかの理由で、どうしても人を自宅に招くことになった場合、自分たちでハードルを上げて、変に身構えてしまいがちです。自宅にお客様を招くときのマニュアル本まで販売されているくらいですから。

本来は、もっと気軽に考えていいと思うのです。身近な人へのおもてなしは、**ゲストはもちろんホストも一緒に楽しむ。**これが、プライベートでのおもてなしの醍醐味といえるでしょう。

2. 自分のスタイルでもてなせばいい

家が散らかっているから人を招きたくない、と考えるよりも、人が来るから掃除をするちょうどいいチャンスだ、と考えたらどうでしょう。

掃除をするのが苦手な人も、誰かが来るとなれば、散らかっているものを片づけたり、普段手をつけない細かいところまで、必死で拭き掃除をしたりするものです。忙しくて掃除をしている時間がない人でも、散らかっているものをちょっと端に寄せて見えなくするくらいはできるはずです。

家の中がきれいになれば、人を招くことも楽しくなります。その結果、定期的に人を招くようになり、いつも家の中がきれいな状態に保たれるという、良い循環になるでしょう。

家が狭いことは改善のしようがないですが、仮に狭くても、お客様をもてなしたいという気持ちが招く側に溢れていたら、招かれた人は満足するものです。

たとえば、お客様用にスリッパやタオルを新しく買って用意しておくだけでも、気持ちは伝わるはずです。高いものを買う必要はありません。とにかく、「あなたのために用意しておきましたよ」という想いが伝われば、招かれたほうは、それだけで嬉しい気持ちになります。

手料理が苦手な人は、鍋パーティや焼き肉がおすすめです。みんなで食材を買いに行って、手分けして野菜を切ったり、テーブルのセッティングをしたりして、あとはビールやワインをそれぞれ好きに飲みながら、わいわい鍋をつつけばいいわけです。

鍋料理なら、気楽においしいものが食べられますし、安上がりなので、招かれるほうも気兼ねなく楽しめます。最後の片づけや洗い物も、みんなでやればあっという間に終わります。

家に招くことに慣れていない人は、最初は準備に手間取って疲れてしまうかもしれません。でも、何度もやって慣れてくると、相手を楽しませようというだけでなく、自分も一緒に楽しむ余裕が出てきます。

「家を片づけるのも大変だし、ましてスリッパやタオルを用意するなんて面倒くさい」

そんなふうに思い、招くのが大きな負担になるようであれば、自宅でおもてなしをすることはやめたほうがいいでしょう。ホストが楽しめず、ただストレスに感じるだけなら、招かれたゲストも楽しくないからです。

プライベートのおもてなしに、決まりは存在しません。大切なのは「ゲストに楽しんでもらいたい」「自分もみんなと一緒に楽しみたい」という気持ちです。

レストランに招待したほうが、気楽に自分も楽しめると思うなら、そのスタイルでおもてなしをすればいいのです。

3．宮崎流プライベートのおもてなし

自分の手料理でもてなしたいと思う人は、せっかくなのでスペシャルなメニューに挑戦するのもいいでしょう。前日から仕込みをしたり、普段使っていない高価な食器を棚の奥から出したりすると、それだけでも気持ちがわくわくしてくるものです。

当日は、お客様が来る前にテーブルのセッティングをします。グラスを置いたり、ナイフやフォークを並べたり、広いテーブルであればお花を飾るのもステキです。

私もたまに友人を家へ招きます。そのときは、事前に掃除もしますし、料理も自分でつくります。1週間後に友人が来ると決まったら、いいワインを選んで立てて置きます。こうすることで、当日、一番おいしい状態にしておくのです。

私はもともと料理人を目指していたくらいですから、料理をするのが大好きで、とくに人に食べてもらうとなるとテンションが上がります。

その日のために新しいお皿を買いに行ったりもします。これも特別に高いものを買うわけではなく、料理を盛ったときに最も見栄えのいい、ちょっと珍しい形をしたお皿を選んだりします。とにかく、相手にいかに喜んでもらえるか、ということが、すべての基準になります。

家へ招くときは、お客様が来る前に、料理はほぼできた状態でお待ちするのがいいでしょう。お客様を招いておいて、ホストがキッチンにこもりきりでは、お客様に対して失礼ですし、自分も楽しめません。そもそもホストが準備でバタバタしていては、お客様も落ち着かないでしょう。**私の場合は、仕込みはすべて終えておいて、ゲストが来てからはちょっと温めなおす程度にします。**

先日も、幼なじみのご夫婦を家に招きました。そのとき、駅に何時頃に到着するかを事前に教えてもらいました。その時間によって、シャンパンを冷やしたり、シャンパンと一緒に出すつまみを用意したりする最高のタイミングを、逆算して考えることができるからです。

そして、約束の時間が近づいてきたら鍵を開けておいて、余裕をもって「ようこそ」とお迎えすることができます。

おしゃべりするだけでも楽しいですが、ちょっとした遊び道具を用意しておくのも一興です。
私の年代でしたら、子どもの頃によく遊んだ人生ゲームやモノポリーなんかがあると、すごく盛り上がります。トランプも、大人になって久しぶりにやると意外に面白かったりします。

4. おしゃべりを楽しみたいならデリバリーを利用してもいい

私の場合は、自分の手料理をみんなに食べてもらいたいという想いが強いので、料理に手間をかけますが、**自宅へ招くからといって、どうしても手料理をつくらなければならないということはありません。**

たとえば、フランスの家庭の立食パーティでは、テーブルに用意されたパテを使って自分で切り分けながら、パンにチーズなどを乗せて食べるくらいです。食べることよりも、会話を楽しむことがメインなので、それでいいのです。

日本でも、特別な日のパーティでなければ、自宅でのおもてなしは何もカンペキを目指さなくても、足りなければ買ってくる、料理が間に合わなかったら一緒につくる、くらいの大らかさがあってもいいのではと思います。豪華なご馳走をたくさん用意しようと思うと、ホストがずっとキッチンで料理をつくっているような状態になりかねません。

日本では、ご主人が友人を連れてきたような場合、奥様がずっと台所に縛られてしまうようなこともよくあります。そうなると、奥様は楽しむことができませんから、人を呼ぶことが好きではなくなってしまうケースもあるでしょう。

要は、何を一番の目的として、自宅へ招くのかということです。おしゃべりを楽しみたいのなら、宅配ピザやお寿司などデリバリーを頼んだっていいわけです。

市販のポテトチップスであっても、学生時代のように袋を開いてそのまま出すのではなく、ちょっと洒落た器に入れて、その横に手を拭くためのウエットティッシュをさりげなく置いておくといった配慮をするだけで、おもてなし感が生まれます。

先ほどお話しした鍋パーティなどは、手軽にできて本当におすすめです。具材を切って鍋に入れ、コンロに乗せてしまえば、あとは乾杯しておしゃべりしている間にちょうど良く煮立って、おいしく食べることができます。体が温まると、気持ちも温まりますし、最後は雑炊でしめれば、最高のご馳走となります。

オフィシャルのおもてなしと同じで、プライベートでお客様をおもてなしする場合も、結果的に何をしたいのか、どうやって楽しみたいのかということが、大切なことだと思います。

第6章

ワンランクアップの会話のコツ

最適な話題の見つけ方

ここ数年、雑談力という言葉をよく耳にします。ビジネスの打ち合わせにおいても、仕事の本題について話すだけでなく、それ以外のところでも、好感をもってもらえるような良い関係を築くための会話力を身につけたほうがいい、という考え方です。

私の場合は、雑談力そのものが仕事に直結していますので、そのスキルを高める重要性は身に染みてよくわかります。とくに、初対面の人に話しかけるときは、最適な話題が見つかるまで迷走することもしばしばです。

しかし、無理に話題を見つけようとするとぎこちなくなります。そこで、私はこれといった話題が見つからないときは、料理の話から入るようにしています。私の勤める店はフランス料理のレストランですから、料理のネタはあちこちに転がっているからです。

たとえば、お客様を席にご案内したあと、「食前酒はいかがいたしましょうか」とまず伺います。このとき、シャンパンをすすめるのが通例ですが、「ビールはないの？」とおっしゃる方もあります。

ここで会話の糸口がひとつ見つかります。ビールをご所望なら、ビールの話題を振ってみようと考えるのです。

「今月から販売されているロブションブランドのビールは、ご覧になりましたか？」そんなことを何気なく話しますと、ビールがお好きな方であれば、その話が広がっていきます。また、デザインに詳しい方であれば、ビールパッケージの話題が展開していきます。あるいは、コマーシャルの話になり「このレストランには芸能人の方もいらっしゃるのですか？」とお客様が質問してきたら、答えられる範囲内で最大限お答えします。

誰でも自分の興味のある話が出ると、目が輝きます。目は口ほどにものを言う、とはまさにその通りで、お客様の目を見ながらお話ししていますと、きらーんと光る瞬間があるのです。**その瞬間を見逃さずに、お客様が興味を示された話題を次々と拾い上げて、話を広げていくのがポイントです。**

お客様のほうから、話の糸口を投げかけてくださる場合もあります。

コーヒーを飲んでおられるお客様から、「このコーヒーおいしいですね。豆は何ですか？」と質問されたら、コーヒーに興味のある方だとわかります。そうすると、豆の種類はもちろん、コーヒーに関する話を広げていくことができます。

また、私はいつも制服の胸にサッカーボールのバッジを付けています。キラキラ光るガラス製のバッジなので、気づいて声をかけてくださるお客様が結構いらっしゃいます。

女性のお客様から「そのバッジきれいですね」と声をかけていただいたときは、このお客様はきれいなものがお好きなのだと判断して、アクセサリーの話をしたりします。

あるいは、男性のお客様が「サッカーボールのバッジですね」とおっしゃれば、きっとサッカーがお好きなのだと考えて、サッカーの話を投げかけてみます。私は学生の頃からずっとサッカーをやっていますので、サッカーの話題ならとことんお付き合いできます。

逆に、的を絞らずに、当たり障りのない、あれこれ散漫な話をしていると、お客様との距離は一向に縮まらず、会話を楽しむことができません。次にそのお客様が来られたとき、前に何を話したかという記憶さえ残らなくなってしまいます。ビジネスの場や日常でぜひ使ってみてください。

「雑談力」を磨き、相手の興味関心がどこにあるかを見極めましょう。

会話を弾ませるコツ

的を絞るという意味では、お客様の持っているものを褒めることも、会話のきっかけになります。

個性的なバッグを持っていらしたら、「そのバッグ、ステキですね。どちらのブランドですか?」と尋ねてみます。個性的なバッグを持っている人は、バッグにこだわりをもっている人ですから、たいてい喜んでバッグのエピソードを話してくださいます。

このとき、一方的に耳を傾けるだけでなく、ある程度、その方の話を伺ったら、自分も共通したこだわりがあることをお伝えします。

私が普段持ち歩いているお気に入りのバッグは、友人がつくったものです。彼は有名ブランドの靴のデザインをしていて、今度自分で革製品のブランドを立ち上げようと頑張っているのですが、そういったことなどをお話しします。

そうすると、バッグの好きな人は興味津々という感じで、話に乗ってこられます。「今度ぜひそのバッグをぜひ見せてください」と言われたら、「では、次にご来店いただいたときにお見せしましょう」といった流れになり、リピーターを一人増やすことにつながったりもするのです。

腕時計も、フォルムに特徴のあるものをつけている人は、間違いなくこだわりをもっています。会話の糸口としては絶好のアイテムで、「その時計は……」と言っただけで、待ってましたとばかりに、時計にまつわるいろいろな話を聞かせてくださいます。

そして、私の時計にも関心を寄せて「それはどこの時計？」という話になり、実はこれは3歳の頃からの幼なじみがつくってくれたオリジナルの時計なのです、と答えると、さらに話が盛り上がったりします。

お客様が身につけているものを褒めるときは、その商品をただ褒めるより、**「それにこだわりをもって身につけているお客様のセンスがステキですね」**とお伝えしたほうが、喜んでいただけます。ものを褒めるのではなく、その人を褒めるのですね。

身につけているものを褒めるだけではなく、その人のセンスを褒めましょう。

相手に居心地良さを感じていただくには

いずれの場合でも、「この人はこういうタイプかな。このタイプだったら、この話題のほうがいいだろうか、どうしようか」などと、あれこれ考えていると、ちょうどいいタイミングを逃してしまいます。

今がタイミングだと思ったら、そこでぐっと入っていく。そして、引くときは引く。いずれの場合も、自分勝手なタイミングで入ったり引いたりするのではなく、あくまで相手のタイミングに合わせるのがポイントです。

たとえば、フランス料理に慣れていないお客様は、ナイフやフォークの使い方など、マナー通りにきちんとしなければいけないという想いでいっぱいいっぱいになっていることが、傍目にも伝わってきます。

そうした様子を目にしたときは、ちょっと気持ちをほぐして差し上げるような会話をします。緊張している人に、いきなり冗談を言って笑わせようとしても、戸惑ってしまうことが多いので、少しずつ距離を縮めていくのがコツです。

料理の説明をするときも、こちらから一方的に話すのではなく、途中で簡単な質問をはさみます。「ムニエルというのは、フランス語でどういう意味かご存じですか？」といった問いかけをするのです。

お客様が「わかりません」と答えたら、「実は、粉屋の娘風、という意味なんですよ」と伝え、お客様がその話に関心を示したら、なぜそんな名前がついたのか、といったことをお話ししていきます。そうするうちに、お客様の緊張が自然にほぐれていって、ひとりでに笑顔が出てくるものです。

ときには、正解を言うのをわざと引き延ばすこともあります。少しじらすのですね。すると、お客様は気になって、次に私が行ったとき、「あの答えは何ですか？」と向こうから声をかけてくださったりします。そうなれば、もうかなり心を開いてくれていますから、あとは自然とどんどん話が盛り上がっていきます。

一方、ビジネスの接待で来られたお客様に対しては、むやみにこちらから話をするようなことはしません。ご指定の時間内に食事が終わるように、料理を的確にご提供することに徹します。

また、カップルで来られた方の中には、2人きりで食事を楽しみたいというケースがよくあります。ですから、あまり話に割り込んでいくのは失礼ですし、どのように接するかは、少しずつ様子を見ながら決めていくことになります。

相手の懐に入りすぎず、離れすぎず、ちょうど良い距離感を見つけてお話しする、お客様にとってベストなタイミングをいつも考えているのです。

相手の状況や気持ちを察し、話しかけるタイミングを見極めつつ、ほど良い距離感を保つよう心がけましょう。

会話の中で、陥りがちなミスとは

実は、私はもともと人見知りで、人と話をするのが得意なほうではありませんでした。それなのにサービスマンになったのですから、人生というのは不思議なものです。けれど、人見知りだったおかげで、言葉を慎重に選ぶ習慣が身についたようにも思います。

私が言葉遣いに慎重なのは、父親の影響もかなりあります。父は言葉遣いに非常に厳しくて、私は小さい頃から正しい日本語を使うこと、そして言葉に責任をもたなければいけないよう、しつけられました。

これは今の仕事をするうえで、とても役に立っています。自分の言葉に責任をもたなければいけないことを痛感する場面がよくあるからです。

たとえば、お客様から「宮崎さんは、ここのレストラン以外では、どこのお店がおいしいと思います？」という質問をよく受けます。このとき、うっかり具体的なお店の名前を挙げたりすると大失敗します。

なぜなら、私がおいしいと言ったお店をそのお客様が知っていて、「ぼくはあの店の料理はおいしいとは思わないな」と言われてしまったら、そこで信頼関係が崩れてしまいかねないからです。お客様からすると「こいつ（宮崎）の舌はたいしたことないな」という評価になってしまうわけです。

味覚はそれぞれ異なりますから、自分の好みを軽々しく口にすることはできません。プライベートならともかく、オフィシャルな場では、誰もがよく知っているチェーン店の名前か、逆に誰も知らないような地元のお店の名前をお伝えしたりしています。

また、私の勤めるレストランに来られるお客様は、東京都内のフレンチレストランをほぼ制覇されている方が大勢いらっしゃいます。そうしたお客様から、「○○というレストランは良くなかった」というような話を聞いた場合、仮に私もそう思っていたとしても、決して安易に肯定するようなことはしません。そこのレストランをひいきにしているお客様が、近くの席で私たちの会話を聞いている可能性があるからです。といって、お客様の言葉を否定してしまうと、今度はそのお客様を不愉快な思いにさせてしまいます。

そこで、「ああ、お客様はお気に召されませんでしたか。私はサービスマンという職業柄、どうしても居心地の良さを重視しますので、レストラン全体の雰囲気はよかったですよ」というあいまいな返事で話を逸らし、味についての言及は避けます。さらに「私の知り合いが勤めていますので、良くしてもらいました。次行かれるときはご紹介しますよ」と付け加えるのも良いでしょう。

また、もしサービスについての不満をおっしゃっていたら、次のように申し上げるかもしれません。「もしかしたら、そのサービスマンは何かに悩んでいたのかもしれませんね。私も人間ですから、好調の日と不調の日がありますので……」

このように、**不用意に同意できないとき、いかにお客様に失礼のないように言葉を返し、納得していただくか、これもサービスマンに求められるテクニックのひとつです。**

常に自分の言葉は多くの人に聞かれていることを意識しながら、お客様と会話をするようにしています。

> 置かれている状況を冷静に判断し、不用意な発言は控え、自分の言葉に責任をもつことが大切です。

失礼のないように会話の途中で中座するには

お客様が話し好きな方であれば、楽しく聞かせていただきます。このとき、気をつけなければいけないのは、あいづちの打ち方です

自分の好きな話題を、誰かと深い部分まで共有したいと考えているような人に対して、安易に「ああ、そうですよね」などとあいづちを打っていると、あとで質問攻めにあって恥をかくことがあります。これはお客様に対しても失礼です。

ですから、自分の知らないことに関しては「へえ、そうなんですねえ」と感心してうなずきながら耳を傾けます。とはいえ、いつも正直に「それはわかりません」と言っていると、お客様の話の流れを止めてしまうので、さじ加減を考えながら、話を合わせるようにします。

ただ、ときとして話が盛り上がってしまい、なかなか話が止まらない場合もあります。仕事中に一人のお客様とばかりずっとお話ししているわけにはいかないものですから、そ

のようなときは、失礼のないように、その場を離れるタイミングを計らねばなりません。ちょっと話が途切れたタイミングで、

「すみません、もっとお話を伺っていたいのですが、ほかのお客様のところへも行かなければならないので失礼します」

と、率直にお伝えして離れるようにしています。このとき、「また後ほど、お話の続きを伺いにまいりますね」とひとことを添えると、お客様はたいてい納得してくださいます。ときには、「独り占めしてごめんね」と謝ってくださるお客様もいます。「いえ、大丈夫なんですよ。ただ、私はこのエリアの責任者なものですから、ちょっと行ってきます」とお伝えすれば、気持ち良く離れることができます。

逆に、話の途中で「ちょっと忙しいので失礼します」と言って離れたりすると、お客様が気分を害してしまう場合があります。一度そういうことがあると、二度と心を許してくださらなくなる方もいらっしゃいます。

ほんの少しタイミングを考えたり、言葉を選んだりする気配りができれば、そうしたトラブルは避けられるのです。

ビジネスマンであれば、立食パーティの席などで、話し好きの人につかまってしまっ

て、身動きが取れなくなる場合もあると思います。そうしたときも、その方の話がちょっと途切れたタイミングで、その場を離れる言い訳をします。
「ここはお料理がとてもおいしいと評判のホテルですから、取ってまいりましょうか？」と尋ねて、相手が「いえ結構です」と言ったら、「では、私はお料理をとるついでに、ほかの方にもご挨拶してきますので、ちょっと失礼します」とお伝えすれば、失礼はないと思います。

会話が途切れた瞬間に、その場を離れる理由を率直に伝えましょう。これが相手に不快感を与えないコツです。

視線の向け方のマナー

話をするときは、相手のほうへ視線を向けるのがマナーです。ただし、目をじっと見つめすぎると、相手を威圧してしまい、失礼にあたることもあります。目をしっかり見て話したほうがいい場合と、あえて視線を外したほうがいい場合があることを知っておく必要があります。ビジネスで大事な交渉をするようなときは、相手の目をしっかり見て話すほうが良いでしょう。

それに対して、私たちサービスマンは、お客様に威圧感を与えるようなことは厳禁です。視線は必ず合わせてお話ししますが、じっと見続けるのではなく、料理の説明をしているときであれば、ときおり料理のほうに目を移すなどの配慮を行ないます。

あるいは、複数のお客様が同じテーブルにいる場合は、視線を上手なタイミングで移しながらお話しします。

たとえば、男性と女性のお客様が、２人で向かい合って席についているとします。

お話しするときは、2人と同時に目を合わせることはできませんから、基本的には交互に視線を向けるようにします。そして、どちらかのお客様と話がはずんでいるときでも、もう一人の方も一緒に会話に入っていることを伝えるために、合間合間に視線をそちらへ移して「本当にそうですよね」とお声をかけます。

このとき、女性の方ばかり見てお話ししていると、男性のお客様が気分を害してしまうこともあるので、スタッフには注意するように言っています。

なかには、目を合わせるのを嫌がる方もいらっしゃいます。人見知りだったり、シャイだったり、理由はいろいろ考えられますが、そうした方には無理に視線を合わせるのは避けます。

常に、そのお客様にとって最高のおもてなしをするのが、私の仕事ですから、自分の流儀をお客様に押しつけるようなことはしません。

一方、ビジネスの場では、目を合わせるのを嫌がっていると、マイナスポイントになることでしょう。ずっと下を向いていたり、視線がきょろきょろしていたりしたら、仕事相手として信頼できないという印象を与えてしまいかねません。

とくにサービス業の人間にとっては、視線は大事です。視線ひとつで印象が大きく変わるからです。
　レストランの若いスタッフに、責任のある仕事を任せようとしたときでも、「私、やる気あります」と口で言いながら目が泳いでいるスタッフと、真剣な眼差《まなざ》しをまっすぐ向けて答えるスタッフがいたら、迷わず後者の人間を選びます。

シチュエーションに応じて視線にも配慮しましょう。視線は重要な会話術のひとつです。

感謝の気持ちの伝え方

　お客様に感謝の気持ちを伝えるときは、タイミングを大切にしています。
　食事をしている最中に、何度も「ありがとう」という言葉を連発していると、その言葉の重みがなくなってしまいます。ですから、私はお見送りに外に出て、別れ際にその日一番の「ありがとう」をお伝えするようにしています。

お客様がお帰りになるときは、いつも外までお見送りするのですが、お店のダイニングから出るときは、軽く「今日はどうもありがとうございました」と口頭で伝えます。そして、そのままエレベーターに一緒に乗って外に出て、タクシーに乗られる直前に、最高の「ありがとうございます」を伝えるのです。

ただお辞儀をするだけではなく、お客様と握手をしたり、肩をぽんぽんと軽く叩きあったりして、体全体で感謝の気持ちを伝えます。握手も、ぎゅっと握ったり、左手を添えて両手で握ったり、そのときの気持ちを素直に表現します。

そして、お客様の乗ったタクシーが見えなくなるまで手を振り続けます。ときには、両手を挙げて「またいらしてくださいね、さようなら」と言いながら、大きく手を振り続けることもあります。

これは決して演技をしているわけではありません。本当に楽しい時間を共有させていただいたという想いがあるときは、言葉だけではとうてい表現しきれず、体が自然に動いてしまうのです。

もしかすると、お客様の中には、お辞儀をして静かに見送ってもらったほうが嬉しいと思う人もあるかもしれません。ですが、私は自分の気持ちを素直に表わすことで、お客様に「今日はいい日だったなあ」という余韻をもって帰っていただきたいのです。

そして、お客様が自宅に到着されたあと、もうひとつのサプライズを用意していることもあります。

私が勤めるレストランでは、女性のお客様がお帰りになるときには、お土産として特製のパンをお渡しししています。とても喜んでいただいているのですが、そこにこっそり「○○様、今日はありがとうございました。またいらしてくださいね」とメッセージを入れておくこともあるのです。

家に帰って袋を開けたとき、「あ、メッセージが入っている」と気づいて、もう一度、喜んでいただければ嬉しいなという想いからです。

言葉だけでなく、感謝の気持ちを体全体で素直に表現し、伝えましょう。

相手を怒らせてしまったときの対処法

謝罪というのは、本当に難しいものです。いまだに私自身、どのような謝罪の仕方が正解なのかわかりません。おそらく、謝罪の仕方に正解などないのだろうと思います。

最も大切なのは、謝罪しなくていいように、先回りして事故を防ぐことです。

レストランでお客様が怒る原因は、料理に関することか、サービスに対するご不満のどちらかに大別できます。

このうち、サービスに対するご不満については、日頃から気をつけていれば防ぐことが可能です。それでも、若いスタッフが何らかの失礼な対応をして、お客様のお叱りを受けることもあります。

そうしたときは、ほかのサービスをすべて中断して、そのお客様のところへ駆けつけ、自分の名刺を出して「私がここのサービスの責任者でございます」と、まず伝えます。そして、スタッフの言動に問題があったときは、完全にこちらが悪いので「申し訳ございいません、私の教育不足でした」と謝ります。

どのような理由であろうと、お客様を不快な気持ちにさせてしまったということは、こちらの落ち度ですから、言い訳の余地はありません。誠意をもって対応し、お客様の不快な想いを少しでも解消できるように力を尽くします。

一方、料理に関することでは、料理に毛髪などの異物が混入していたというお叱りを受けることもあります。

私が料理をお出しするときは、目で見える範囲は必ずチェックしますが、料理の下のほうに入っていたり、スープやソースの中に入っていたりすると、外側からでは確認のしようがありません。

それでも、私どものミスですから、お客様のご指摘があった時点ですぐに行って、異物を確認します。「髪の毛が入っていました」という場合でも、確認してみると、野菜の繊維だったりすることもあります。

実際に毛髪が混入していたときは、「誠に申し訳ございません」とまず謝罪し、「すぐに新しいものをおつくりいたしますので、少しお待ちいただいてもよろしいでしょうか」とお伝えします。

お客様によっては「時間かかるなら、もういいよ」とおっしゃる方もいます。「できるだけ早くおつくりしますので」と申し上げても、受け入れていただけない場合は、その料理の代金を引かせていただくなどの対応をすることもあります。

こちらのミスでお客様にご迷惑をおかけした場合は、誠心誠意、心を込めて謝罪し、そのあとにグッドケアをする。これがとても大事だと思っています。

しかし、言葉で謝罪しただけでは、お客様の怒りが収まらない場合がほとんどです。そうしたときは、お客様のお叱りの言葉を真摯に受け止めながら、どうすれば許していただけるのかをとことん考え、思いつく限りの対応をします。

どうしても納得いただけない場合は、最終的にお客様に「どうすればお怒りをおさめていただくことができますでしょうか」と尋ねることもあります。お客様のお怒りはもっともですので、私たちには何ができるでしょうかとお聞きするのです。

結局、最後までお許しいただけないことも少なくありません。そうしたときは、自分たちの問題点を再考しながら、それを教訓として、二度と同じミスが起こらないようにスタッフ全員でミーティングをし、気を引き締めます。

とにかく、**原因が何であれ、お客様がお怒りになったら、一秒でも早く駆けつけて対応**

することが最も大切だと考えています。

お客様のフラストレーションは、時間が経てば経つほど高まっていきます。ですから、人命救助と同じで、一秒でも早く、そのお客様のところへ行って状況を把握し、的確に対応する必要があります。「あそこのお客様が怒っているけど、どうしようか」などと躊躇していると、より対応が難しくなります。

お客様のところへ行って、お怒りの原因が何かを把握し、こちらに非がある場合はすぐに謝罪して、最善の解決策を探ります。誠意をもって対応することが最大のポイントです。

謝罪は、誠意を尽くすことに尽きます。

苦手な人と付き合うコツ

人は誰しも苦手な相手というのがいるものです。それでも、社会で生きていくには、苦手な相手とも、どこかでうまく折り合っていかなければならないような状況に直面することはあることでしょう。

では、具体的にどうやって折り合っていったらいいのでしょうか。

次のエピソードがひとつのヒントになると思います。

ちょうどこの原稿を書き始めた頃、ある野球評論家が、テレビ番組の中で、40歳を超えても長く現役を続けているサッカー元日本代表の三浦知良選手（以下、カズ選手）に対し、引退をすすめるような発言をしたことがありました。

カズ選手は、私が子どもの頃から憧れてきたサッカー界のキングです。年齢を経ても常に努力を怠らず、ストイックに自己研鑽しながら、最年長得点記録を更新している姿は、私にとって頑張るモチベーションにもなってきました。

ですから、この野球評論家の発言は残念に思いました。そして、カズ選手の心中はいかばかりかと思っていたところ、その後、大勢のマスコミに囲まれたカズ選手は、驚いたことに感謝の言葉を口にしたのです。

カズ選手は、その野球評論家がかつて現役の選手だったころ応援していたこと、そして今回そんな憧れの人から言葉をかけてもらったことは光栄であり、「もっと活躍しろ」という意味だと思うのでこれからも頑張ります、といった主旨のことを述べたのでした。

これを受けてその野球評論家は、カズ選手の対応を称賛し、「ケガせず元気で頑張ってほしい」と激励に転じました。

まさに「あっぱれ！」な大人の対応です。カズ選手は、自分にとって快くない発言をした相手に対し、憤るのではなく、むしろ相手を立てて感謝の言葉を述べることにより、結果として自分の株を上げ、相手の株まで上げるという、すばらしい着地点を実現したのですね。

しかも、この一件があった直後、カズ選手は試合でシュートを決めて、最年長得点記録をさらに更新しました。

このように、**マイナスのこともプラスにとらえて、それを自分のエネルギーに変えていくような考え方ができれば、苦手な人との付き合いも、少しは楽になる**のではないかと思います。

苦手な人の、嫌な部分だけを見ていると、付き合うのは苦痛でしかありません。もちろん、付き合わなくていい相手なら、関わらないに越したことはないでしょう。

ですが、職場の上司や同僚だったり、ご近所の人だったり、親戚だったりすると、ずっと無視していくわけにはいきません。

苦手な人でも、どこか良い部分があるのではないかと思って付き合うのと、嫌だ嫌だと思って付き合うのとでは、やはり違います。この人でもひとつくらい、良いところはあるかもしれない、と考え、そこに目をやるようにすれば、関係も少し改善される可能性があるのではないでしょうか。

苦手な人の「良い部分」を見つけることで、関係も良好になる可能性があります。

第7章

心が伝わる、とっておきのコミュニケーション術

手紙での伝え方——①フォーマルな手紙は想いが通じにくい

感謝の気持ちを言葉で伝えることは、人とコミュニケーションをとるうえで欠かせないことです。レストランに来てくださるお客様に対しては、最後のお見送りのときに、その日一番の「ありがとう」の言葉をお伝えすることは、6章でお話ししました。

お店に来ていただいたときだけでなく、一度ご来店いただいたお客様には、折にふれて、電話や手紙、メールなどで感謝の言葉をお伝えしています。

電話は、相手と直《じか》に言葉を交わして気持ちを伝えることができるという点で、最も有効なツールです。けれども、電話をかけるタイミングによっては、相手に迷惑をかけてしまう場合もありますし、お互いに気を遣う部分が多いのも事実です。

その点、手紙とメールは、相手のタイミングで見てもらえますので、最近はこの2つのいずれかをもっぱら使用しています。

手紙の書き方にも、さまざまなマナーがあります。フォーマルな手紙の書き方は、「手紙の書き方」の本やインターネットの検索サイトで「手紙の書き方、マナー」と入力すると、文例がたくさん出てきます。

基本的には、「謹啓」または「拝啓」から始まって、時節の挨拶をし、相手の健康を気遣ったり、自分の現況を知らせたりしてから、手紙を送った理由（用件）を述べ、相手の繁栄や健康を願う言葉で終わる、という流れになっています。

それらの文例の中には、

「ますますご清祥のこととお慶び申し上げます」

「常々格別の御厚情を被り、心より御礼申し上げます」

「何卒ご自愛のほどお祈りいたします」

といった、相手への気遣いに満ちた表現が並んでいます。しかし私個人としては、不思議なくらい、心に響いてきません。レストランでのおもてなし術と同様、マニュアル通りのものは、人を満足させることはあっても、感動にはつながらないのです。

どんなに優れた文章の手紙であっても、その内容が相手の心に届かないと、「またあの人に会ってみたい」と思ってもらうことはできません。逆に、文章はあまり上手ではないけれど、相手を思って一生懸命に書いたことが伝われば、必ず相手の心に響くと私は信じています。

また、前文のところは定型文を引用して、あとは自分の言葉で書く、というケースもよくあります。すべてが文例通りの文章よりは、はるかに想いが伝わるでしょう。

ただ、自分が手紙をもらった場合で考えると、冒頭にマニュアル通りの〝前文〟があっても、たいてい飛ばして読み進めます。そこにはあまり人間味を感じないからです。

私が、レストランに来てくださるお客様にお礼状を書くときは、冒頭から相手に伝えたいことだけを、短い文章でストレートに書きます。

「〇〇さま　昨日はありがとうございます。久しぶりにお会いできたので嬉しかったです。あまり久しぶりな感じがしなかったのは、どうしてでしょう。また、お会いできるのを楽しみにしております。みやざきしん」

これだけです。

定型の前文は一切省きます。「前略」も使いませんし、ビジネス文書でよく見る「いつもお世話になっております」という文言も使用しません。もちろん、お世話になっているから、お礼状を書くのですが、とりあえず入れておこうという感じの言葉は入れたくないのです。

私は文章を書くことは得意ではありません。前著を出版したとき、母親が「あなたが本を書くなんて」と驚いていたくらいですから。けれど、私は**手紙を書くときは、自分の言葉で書くことにこだわっています。**これも大切なおもてなしのひとつと考えているからです。

> マニュアルに従うのではなく、自分の言葉で伝えるようにしましょう。

手紙での伝え方――②活字では伝わりにくい

「自分は字が汚いので、手書きで手紙を出すよりも、パソコンで打った文章をプリントアウトして送ったほうが、先方に失礼がないと思うのです」

そんな声をときどき耳にします。本当にそうでしょうか。

私の字も決してきれいなほうではありません。それでも、手書きで手紙を書くことにこだわっています。なぜなら、自分がそうした手紙をもらうと、すごく嬉しいからです。最近は年賀状も、印刷された文字で送られてくるものばかりになりました。しかも、文章はたいてい定型文だけですから、ほとんど読むところはなく、差出人の名前を確認したら、「はい、次」という感じになっています。目を留めることがあるとすれば、お子さんの写真が印刷されたものくらいです。

そうした年賀状の束の中に、手書きの一文が添えられたものを見つけると、はっとします。「元気?」のひとことであっても、相手の温もりが伝わってきて、思わず微笑んでしまいます。ああ、自分のことを想って書いてくれたのだなあ、と胸が熱くなるのですね。こうした感覚は、定型文やパソコンの文字では決して得られないものです。

たとえ汚い字であっても、あるいは少しくらい文法に間違いがあっても、**自分の気持ちをそのまま文章にした人間味溢れる手書きのもののほうが、受け取った人はよほど嬉しいはず**です。

字が下手でも、心を込めて手書きで想いを伝えましょう。

手紙での伝え方――③ちょっとした工夫を端々にちりばめる

お礼の言葉も、あまり長々と書くと、押しつけがましい印象になって、読むほうもうんざりするのではないでしょうか。シンプルに「ありがとうございます」「嬉しかったです」としたほうが、直球で相手の心に伝わります。

細かいところを言えば、感謝しているのは「現在進行形」なので、過去形の「ありがとうございました」ではなく、「ありがとうございます」と書くようにしています。過去形で書くと、そこで関係が終わってしまうような気がするからです。

漢字を少なくして、ひらがなをたくさん使うのも、こだわりのひとつです。相手のお名前の後ろには、「様」ではなく「さま」または「さん」と書きます。自分の名前も、「みやざきしん」とひらがなにするときもあります。そのほうが、やわらかくて、可愛いらしい感じで、親しみやすい印象になると思うからです。

もちろん、手紙を出す相手や目的によって、文章の内容に多少の変化はつけます。いずれの場合でも共通して大切にしているのは、文章として出来が良いかどうかより、自分の想いを短い言葉で率直に伝えること、そして相手のことを考えて、とにかく一生懸命に書くことです。

手紙の様式も、お客様によって使い分けます。

たとえば、礼節を重んじる年配の方に手紙を書くときは、必ず縦書きにして、便箋や封筒、切手はフォーマルなものを選びます。

一方、年齢が近いお客様であったり、女性のお客様であったり、あるいはお店で話をしたときに距離が近いような印象をもった方には、あえて横書きで書くこともあります。便箋や封筒、切手も、季節感のあるデザインのものを選んだり、可愛いデザインのものを選んだりします。

ハガキで出すこともあります。ビジネスの相手であれば、季節感のあるフォーマルな絵ハガキを選びます。親しみを込めてお出しするときは、普段の自分とは違う、意外性のあるデザインのハガキを送るのも楽しいものです。

ビジネスの場なら、いつも厳《いか》めしいイメージの男性が、ちょっと可愛い絵ハガキを使ってみるのもおすすめですし、逆に、少し派手めな今風の若い女性が、礼節を踏まえた立派な文面で、目上の人にお礼状を送ると、「こんなきちんとした文章が書ける人間だったのか」と評価が上がることでしょう。

ただし、これまでお話ししてきたことは、どれも私個人の手紙の書き方ですから、いわゆる「手紙の書き方の本」で紹介されているような一般ルールとは違う部分もあることでしょう。

マニュアルとは違う「型」にはまっていないスタイルの手紙は、相手の心に届けば非常に喜んでもらえますが、相手の心に届かないと、単に失礼な手紙になるリスクもあります。

両者の違いはおそらく、相手との関係性をきちんと踏まえた手紙になっているかどうか、そして手紙を書く側に「真の誠意」があるかどうかで決まるのではないでしょうか。誠意もなく、不用意に親しげな言葉遣いの手紙を出したりするのは避けるべきです。

「型」にはまらず、誠意を込めてあなたらしい手紙を書くようにしましょう。

想いを伝える、とっておきの方法

手紙とは少し違いますが、お客様が帰られるとき、「また来ていただきたいな」と思ったら、自分の名刺の裏に「今日はどうもありがとうございます。また、お会いできるのを楽しみにしております」と、ひとこと書いてお渡しすることがあります。

口頭でお礼を言うだけよりも、ひと手間かけて感謝の気持ちをお伝えしたほうが、心に響くと思うのです。

なお、サービス業に携わっている人の中には、メッセージとともに、自分の携帯電話の番号を名刺に書いて、営業活動に使っているケースもあります。お客様との距離を縮めたり、安心感をもっていただいたりするために、そういう方法もあるのだろうとは思いますが、私自身はあまりそういうことはしていません。

ときには、お客様からお手紙をいただくこともあります。これは本当に嬉しいものです。

季節ごとにお手紙をくださる常連の方もいらっしゃいますし、初めてご来店いただいて、サービスさせていただいたお客様から、思いがけず、お礼のお手紙を頂戴することもあります。一回しかお会いしていないのに、わざわざ手書きのお手紙をくださるというのは、とても満足していただいたのか、もしかすると感動していただけたのだろうかと、ちょっとわくわくしてしまいます。お手紙というのは、そのくらい受け取る側にインパクトを与えるものなのですね。

このように、受け取る相手の身になってみて、ちょっとした工夫を加えてみると、単に「伝わる」だけでなく、想像以上に喜んでいただけるという、嬉しい結果になることがあるのです。お客様からの気持ちのこもったお手紙は、私にエネルギーを与えてくれます。

「ひと手間」かけて伝えることで、想いは伝わります。

営業メールで配慮すべき点とは

最近は、お客様の数がどんどん増えて、みなさまに手書きのお手紙をお出しするのは難しい状況になっています。その分、メールをお送りすることが多くなりました。それほど親しい関係でない方に対しては、手紙を書くと、逆に負担に思われてもいけないので、メールのほうがいい場合もあります。

また、メールはすぐに相手に届くので、お客様がお帰りになられたあと、その日のうちに「今日お会いできたことに感謝します」という気持ちを込めた短い一文をお届けすることもできます。

お礼だけでなく、レストランの新メニューのお知らせなどにも、メールをよく使います。これもほとんど短文です。お知らせの詳細は、レストランのメールマガジンを定期的にお送りしていますので、そちらを見ていただくとして、私のほうからは、

「桜の季節のお料理を始めましたよ。そろそろ遊びに来てくださいね」

といった、お客様の気持ちをちょっとくすぐるような一文をお送りします。

このとき、「ご来店をお待ちしております」などと書いてしまうと、いかにも営業でメールを送った感じになりますが、「遊びに来てください」と表現することで、お会いしたいという気持ちをお伝えできればいいなと思っています。

場合によっては「お元気ですか?」のひとことだけの場合もあります。これは決して手を抜いているわけではありません。いつも、自分だったらどう思うだろうという基準で考えるのですが、たとえば昔の友人から「どう、元気?」というメールが数年ぶりに届いたら、とても嬉しいものです。季節の挨拶など一切ないことが、むしろ距離の近さを感じて、心に響いてきます。「自分のことを思い出して、わざわざメールをくれたのだな」と思うわけですね。お客様も、同じような気持ちになってくださることを願っているのです。

ただし、年配の方で、しばらくお会いしていないお客様にご連絡する場合は、フォーマルな長文メールをお送りします。

「○○さま　ご無沙汰しております。○○の宮崎でございます。来月の○日に、特別なディナーがございますので、よろしければいかがでしょうか。お席はご用意してあります。

これから梅雨が始まる季節柄、体調を崩しやすい時期でございますので、お体にはお気をつけて、お会いできるのを楽しみにしております」

私の名前をお忘れの方もあるかもしれませんので、まず冒頭で自分の名を名乗ります。そのあと、直近の催し物についてインフォメーションをし、お席をご用意していますよとお伝えして、季節の話題、相手への気遣いの言葉を入れて「お会いしたいです」という言葉で締めます。ここでも「レストランへ来てください」とは書かないのが、私の流儀です。

「ストレートな営業メール」にならないよう、気持ちが伝わるひとことを添えましょう。

ビジネスメールのマナーとは

メールをお送りするときは、パソコンから送るときもあれば、スマートフォンからのときもあります。

フォーマル感を出したいときは、パソコンから相手のパソコンへメールを送ります。これは私にとって、縦書きの手紙に相当します。受け取ったお客様は、大きな画面でご覧になられますから、見た目のフォーマットも考えて作成します。

スマートフォンのメールも、お客様のお人柄やお客様との関係性によって、携帯メール、ライン、パソコンメールを使い分けています。親しい間柄であれば、年上の方であっても、絵文字を入れることもあります。

ただし、絵文字や顔文字を使うときは、かなり慎重に相手を選んでいます。お店では親しくお話しさせていただいている方でも、むやみに懐に入りすぎると、嫌がられる場合があるからです。

たとえば、お客様のほうから気さくな感じで話しかけてくださって、私もついフランクな話し方になってしまったようなとき、「今の言葉遣いはいただけないなあ」と、お叱りを受けることがあります。

あるいは、私が馴染みのお客様とフランクに話しているのを見て、若いスタッフが一緒になってラフな感じでそのお客様に話しかけたら、「ちょっと、彼はなんなの？　勘違いしているんじゃない」と、ご指摘をいただくこともあります。

私が絵文字を使うのは、この方だったら、そのほうが喜んでくださるという確信がある場合だけです。少しでも不安や迷いがある場合には、決してカジュアルなメールは送りません。

ですから、ビジネスマンが、取引先にメールを送る場合、絵文字や顔文字は使わないほうがいいでしょう。たとえ相手からカジュアルなメールが送られてきても、フォーマルに返信するほうがベターです。堅苦しくつまらない人間だと思われたとしても、少なくともクレームにはなりません。

不用意に絵文字や顔文字を入れて送信し、怒りを買うようなことがあったら、取り返しのつかない事態に陥る可能性もありますので、くれぐれもご用心を。

くだけた表現、絵文字の使用には注意が必要です。

プレゼントの選び方

心を伝えるコミュニケーション術としては、プレゼントを贈るのも良い方法です。

男性の中には、毎年、バレンタインデーのお返しを何にしようかと頭を悩ませる方も多いのではないでしょうか。私はいつも、女性が自分では普段買わないだろうと思うものをプレゼントするようにしています。

たとえば、バレンタインデーに1粒500円くらいするチョコレートをいただいたことがありました。そのとき、お返しとして、1粒800円の高級イチゴを何粒か買ってきれいにラッピングし、ホワイトデーに贈ったことがあります。

同じ1個800円でも、チョコレートやケーキなら、女性は自分でも買うことがあるかもしれませんが、1粒800円のイチゴを自分のために買う人は、それほど多くないはずです。ですから、プレゼントとしてもらったときのプレミア感は大きいと考えたのです。

実際にその方は、とても感激して喜んでくれました。

女性へのプレゼントでは、お花も喜ばれます。その方の人柄や好み、あるいは贈る目的に応じて、生花がいいのか、長く保存できるプリザーブドフラワーがいいのかを考えます。プリザーブドフラワーの中には、ダイヤモンドローズといって、ダイヤモンド入りラメを花びらにまとわせたバラがあります。花の部分だけをおしゃれな小箱などに詰めて売られていますが、箱を開けたとき、思わず「うわあ」と声が出るくらいキレイで、これはなかなかおすすめです。

記念日に花を贈るのなら、手書きのメッセージ入りのカードを、ぜひ添えたいものです。

プレゼントが思い浮かばないときは、相手に直接「何が欲しい？」と尋ねるのも良い方法です。「身につけるものがいい」と言われたら、自分（贈り主）がプレゼントしたものを身につけていたいからなのか、それとも単に宝飾品が好きなのかを、相手の言葉から推測します。

宝飾品が好きな女性であれば、フォーマルなアクセサリーを贈ったほうが喜ばれると思います。なお、贈り主からのプレゼントをいつも身につけていたいということなら、フォーマルでもカジュアルでも身につけていられるようなデザインのものが向いています。フォーマルなときしか身につけられないものは、余韻が短いものです。それよりも、普段気軽に使えるようなものをもらったほうが、身につける機会も多く、相手の方は嬉しいのではないでしょうか。

必ずしも高価なものが喜ばれるとは限りません。長く、幸せな記憶として残るものが良いと思います。

相手の身になって「感動」するものを考え、選びましょう。受け取った後の余韻も考えて。

お中元やお歳暮で「心を伝える」には

お中元やお歳暮も、すべて理由を考えて送るのがベストです。

たとえばお中元の時期に、会社の代表の方が、仕事でお付き合いのある人全員の名刺を秘書に渡し、「適当なものを選んで、みんなに同じものを送っておいて」と頼むようなケースがよくあります。このとき、仮に高級品であっても、受け取った側の喜びはそれほど大きくないのではないでしょうか。数ヵ月後には、何をもらったかさえ忘れているでしょう。

これに対して、とくに大切にされている顧客の方々だけにでも、代表自らが相手のことを考えて選んだ品物を送ったら、値段に関係なく、必ず相手の心に響くことでしょう。「あんなに忙しい人が、自分のために選んでくれたんだ」「自分を特別に扱ってくれている」というスペシャルな喜びを感じるわけです。

一般のご家庭でも、「ああ、またこの時期が来た」と思って、カタログから手ごろな値段のものを適当に選んで送るのと、「あの人には何がいいだろう」と考えて送ったものとでは、受け取る側のインパクトはまったく異なります。その人宛ての手紙が添えてあれば、なお嬉しいでしょう。

もちろん、もらって嬉しいものばかりとは限りませんが、それでも自分のことを考えて選んでくれたという気持ちが伝わってくれば、ありきたりのお中元・お歳暮よりも忘れられないものになります。

私は、親しい友人のところを訪ねるときにも、ちょっとした手土産を持っていくようにしています。親しい間柄の相手なら、何を贈ると喜んでもらえるのか、だいたい察しがつきます。

以前、大阪の知り合いが、大阪の百貨店にしか売っていない限定品のお菓子を手土産に持ってきてくれました。とても人気の商品で、数時間並んでようやく買えたという話を聞いて、私は本当に感激しました。価格的には数百円のものですが、東京では手に入らないプレミア品であり、なおかつそれを長時間並んで買ってきてくれたという、その気持ちがとても嬉しかったのです。

全国チェーンの有名な高級菓子をいただくのも嬉しいですが、それほど有名なものではなくても、そこにプラスアルファのプレミア感を出すことができれば、受け取った側の喜びはぐんと高まるわけですね。

このように、手紙にしても品物にしても、贈る側の気持ちのわずかな差が、相手には確実に伝わります。どのような場面でも、心を尽くすことを忘れないようにしたいものです。

どんな贈り物でも、相手のことを想って選ぶことを忘れないようにしましょう。

もっと喜んでいただくための工夫

レストランの中でも、誕生日などにご来店いただいた方には、サプライズのプレゼントをご用意することがあります。

先日も、2人連れのお客様をお迎えしたとき、話の内容から、誕生日をお祝いする目的で来られたことがわかりました。そこでさっそく、デザートをお出しする際、チョコレートのプレートに華やかにバラをちりばめて、そこにウサギの形をしたチョコレートをいくつかトッピングしたものをお出ししました。

それを見たお客様が、「えっ、なんで誕生日ってわかったの？」と驚きました。ここまでは、私たちが計画した通りの展開でしたが、予想外の偶然がありました。

プレートに乗せたウサギのチョコレートは、イースターのワゴンサービスの飾りとして使ったもので、これを乗せたら可愛いなあ、という思いつきでトッピングしたものでした。ところが、たまたまそのお客様の干支がウサギで、「なぜ私がウサギ年だとわかったの？」と感激した様子で尋ねてきたのです。

このとき、「実は偶然で」というのは無粋な気がしましたので、とっさに次のように説明しました。

「先ほどお話しさせていただいたとき、今年38歳とおっしゃっていたので、辰年の私よりひとつ年上だなと思いまして、パティシエにウサギを飾ってもらったのです。お誕生日おめでとうございます」

お客様は、とても喜んでくださいました。

なんでも正直に言えばいいわけではないのですね。「ウサギ年だなんて知りませんでした」と言ったら、「なんだ」と思われ、お客様の感動が薄れてしまったかもしれません。

せっかく喜んでくださっているのですから、さらに喜びをプラスすることで、みんなが気持ち良くお祝いできるわけです。

このように、誕生日のお客様には、私の判断でチョコレートプレートを出すことがよくあります。

あるときは、ダイニングで一組のお客様のお誕生日のお祝いをしていたら、別のテーブルのお客様が何気なく「あそこも誕生日なんだ」とつぶやいたのを耳にしました。

あそこも、ということは、このお客様もそうだということに違いありません。そこで、すぐさまプレートを用意してお出ししたら、「え？　どうして？　予約のときに言いましたっけ？」と驚いていました。

「いえ、ぼくには予知能力があるんです。でもね、不思議と宝くじは当たらないんですよ」

そう言うと、みんなで大笑いになって、喜んでくださいました。

もちろん、私には予知能力はないので、間違えることもあります。わくわくしながらプレートをお出ししたら、「え？　うちは誕生日ではないですよ」と言われたこともあります。ただ、それが笑って許されるようなお客様であれば、リスクを負ってでもやることがあります。

誕生日ではないとわかったら、「じゃあ、少し早め（遅め）の誕生日ということで」と笑いに変えたり、カップルでご来店されたお客様だったら、「お2人は出会って何年目ですか？」と尋ねて、「2年半くらいかな」とお答えになれば、「それなら、2年半目の記念に」と言ってお渡しします。

あるいは、「今日は当レストランに来ていただいた記念日にしましょう」と言って、プレートを前に写真を撮って差し上げて、その写真をお渡しすることもあります。

いずれの場合も、最後に「今度は誕生日にいらしてくださいね」と冗談めかして言うと、「まあ、営業がお上手ですねえ」と笑いが起これば、これはこれで成功だと思っています。お客様も、思いがけない楽しいエピソードができて、喜んでくださいます。

ちょっとした演出の工夫が、相手に感動を与えます。

第8章

「一流のおもてなし術」を身につけるための心得

1．規則正しい生活で、心身のコンディションを整える

一流のおもてなし術について語るには、まずは自分自身の管理ができなければいけないと思っています。常日頃から自分を磨くことで、より相手の心に伝わることでしょう。自分磨きというと、いかにも自分のために行なうイメージがありますが、そうではありません。人に対する礼儀として大事なのです。

まず心がけているのは、規則正しい生活です。一日のスケジュールを規則正しくすると、心身のコンディションが整い、仕事をするうえで最高のパフォーマンスを発揮できるようになります。

規則正しい生活を保つポイントは、毎朝同じ時刻に起きることです。

朝寝坊してあわてて身支度をし、髪がぼさぼさのまま、寝ぼけた頭で職場に駆け込むような毎日を送っていると、決して良い仕事はできません。自分自身が困るだけでなく、朝からバタバタされると周りも迷惑ですし、余裕がないとミスも起こりやすくなります。

ですから、私は毎朝決まった時間に起きて、朝食をとり、身だしなみを整えて、余裕をもって出勤するようにしています。そうすると、人に配慮したり、やさしい気持ちで接する気持ちの余裕も生まれます。朝早く起きれば、夜もぐっすり眠れますから、短時間の睡眠でも心身の疲れは解消されます。その結果、翌朝もすっきり目覚めて、また元気に仕事へと向き合えるわけです。

休日であっても、朝は同じ時刻に起きます。朝食をとるタイミングや、身だしなみを整える手順も、同じように行ないます。近所へ買い物に行くときも、人に不快感を与えるようなだらしない格好で出かけるようなことはしません。もし身だしなみがあまり整わないままに外出せざるを得なくなったときは、マスクやメガネなどを着用するようにしています。いつどこで、お客様とばったり出会っても、レストランにいるときと同じ笑顔で「こんにちは」と言えるように、服装にしても、立ち居振る舞いにしても、日常生活から気をつけています。

自分の生き方そのものが、仕事にも反映されていくと考えているからです。

たまに、仕事の付き合いで、遅い時間までお酒を飲んでしまったりして、一日のスケジュールが崩れることがあります。そうなると大変です。翌日の心身のコンディションは当然悪くなり、もとの調子に戻るまでの間、良い仕事ができなくなります。顔色も悪くなりますし、動きも鈍くなります。

お客様においしい料理を食べていただくために最高の環境を用意するのが、私たちサービスマンの役割なのに、そのサービスマンが、具合の悪そうな顔で料理を出したり、料理の説明をしていたら、せっかくのおいしいものも価値が下がってしまいます。お店の信用も失われてしまいます。

だからこそ、いつも最高のコンディションでいるために、普段の生活から正していかなければならないと、私は考えています。

2. バランスの良い食生活を心がける

健康管理のために、私は食生活にも気を配っています。30歳を過ぎて仕事に対するプロ意識が強くなってきた頃から、食生活をきちっとしなければいけないと考えるようになりました。

それまでは、帰宅したあとに夜食をとっていました。当時も今も、夕飯を食べるのがだいたい17時頃で、仕事を終えて帰宅するのは夜中の1時を回ります。ですから、帰宅したあとは空腹で、ごはん茶碗2杯は平気で食べていたのです。

私はもともと太る体質ではなく、立ち仕事をしているので消費エネルギーも多いため、若い頃はとくに問題は感じませんでした。

ところが、30歳を過ぎた頃から、夜食をしっかり食べると、朝になってもお腹に残っているような感覚をおぼえるようになりました。夜は胃腸の機能も衰えますから、そんな時間に食事をするのは、体にとって良いはずがないのです。このままずっと夜食をとっていたら、間違いなくお腹がだぶついてくるぞ、という危機感をもつようになりました。

それでも夜食を完全にやめてしまうと、逆にストレスになるので、帰宅後はお味噌汁だけ飲むようにしました。すると、朝起きたときのコンディションが明らかに良くて、これを習慣にしようと決めました。

以後は、一日の食生活の栄養バランスも考えるようになりました。

肉だけ食べて野菜は食べないといったようなアンバランスな食事をしていると、体調は良くないですし、顔色や肌の状態も悪くなります。逆に、野菜ばかり食べて、ごはんや肉をほとんど食べないような食生活も、決して良いことはないと思います。

好き嫌いなくバランス良く食べること、これが食生活の基本でしょう。ですから、朝昼晩の三度の食事で、まんべんなく栄養をとるように心がけています。

朝は、野菜ジュースと一緒に、まずサプリメントを飲みます。そのあと、パンと卵とフルーツを食べて、最後にコーヒーをゆっくり飲みます。

昼食は、お店のまかない料理で、ごはんとめん類の組み合わせがほとんどです。海藻や野菜サラダなども用意されていますが、それらは基本的に食べません。昼はエネルギー補給をメインに考え、腹持ちのいい炭水化物をたっぷりとるのです。

夕食も、お店でとりますが、ごはんとお味噌汁、主菜、副菜の揃ったバランスの良い食事です。

食事のときは、食べる順番にも気をつけています。

胃が空っぽの状態で、肉や炭水化物をいきなり食べるのではなく、まずは野菜を食べたりお味噌汁を飲んだりして、いったん胃を落ち着かせます。そのあと、ごはんと主菜を食べるようにしています。そうした食べ方が当たり前になると、栄養バランスのいい食事が自然にとれるようになっていきます。

常に、正しい姿勢で食べることも心がけています。家でだらしない食べ方をしていると、人前に出たときも、無意識で普段の食べ方が出てしまいます。イスに座ったら、両足をきちんと揃え、背筋を伸ばした姿勢で食べます。そうすると、口から入った食物がスムーズに胃へ落ちていきます。健康にも良い気がしますし、見た目も美しくなります。

食べ方については、本書の2章でもお話ししましたが、レストランで仕事をしていてつくづく思うのは、見た目も生き方もステキな方は、食事の仕方もきれいだということです。私の実践している食生活が、栄養学的・医学的に正しいのかどうかは、まったくわかりません。

書店の健康書コーナーで、どのような食生活が体に良いのか調べたこともあります。炭水化物を食べないほうがいいという本もあれば、炭水化物をとらないと病気になるという本もある、または肉を食べたほうがいい、いや粗食がいいなど、あまりにいろいろな意見があって、何を信じていいのかわからなくなりました。そこで最終的には、自分自身で考えるしかない、という考えに行きつきました。

人それぞれ体のつくりは違いますし、日々コンディションも違ってきます。何事も、マニュアルを頼りにするより、自分の感覚を大事にしたほうが大きく外れることはないでしょう。

3. やさしい気持ちで人と接する

心の管理という点では、人に対して常に思いやりの心を忘れないよう努めています。お店に来てくださるお客様に対してもそうですが、家族や友人、知人、あるいは電車でたまたま一緒に乗り合わせたような人も含めて、誰に対しても変わりなく、やさしい気持ちでいつも接したいと思っています。

自分を支えてくれている家族に感謝の言葉をかけたり、電車でお年寄りに席を譲ったりということもそうですし、周囲の人に迷惑をかけないということも大切です。

たとえば、ラッシュアワーのぎゅうぎゅう詰めの満員電車の中で、足を大きく広げて平気な顔で座っている人がいます。わざとやっているのか、気づかずにやっているのかわかりませんが、いずれにしても周りの人にとっては大迷惑です。満員電車の中では、誰もが同じように窮屈な状態にあり、それでも大半の人は我慢して、周りに迷惑をかけないように乗車しています。そうした我慢するという行為も、他者に対する思いやりのひとつだと思うのです。

同じ理由から、買い物に行くときは、必ずエコバッグを持参しますし、傘は袋に入れられるタイプのものを持ち歩いています。**日常生活の中で小さな配慮ができる人は、人間関係でも、仕事をするうえでも、すべてにおいて配慮ができるものなのです。**

もちろん、我慢ばかりの毎日では、心も体もくたくたになってしまいます。そこで私はときどき、一人で長野県の山奥へ行き、リフレッシュするようにしています。

登山や散策をするわけではなく、携帯電話の電源を切って、ただぼーっとした時間を過ごすのです。一日中何もしないで、明るいうちからお酒を飲み、お腹が空いたら食べたいものを食べ、眠りたいときに眠る。とてもぜいたくなひとときです。

普段、常に仕事で緊張を強いられ、プライベートでもストイックな生活習慣を心がけていますので、なおさらこうした時間を幸せに感じます。

意識してそうした時間をつくらないと、心と体を完全に休めることがなかなかできません。現代社会には多忙な人が多いですが、本来はそうした**「オフ」の時間を無理矢理にでもつくったほうが、むしろ仕事の効率は上がる**と思います。

何をもって「オフ」とするかは、人それぞれでしょう。私のように完全にスイッチを切ってしまう人間もいれば、休日は休日で、好きな遊びにエネルギーを注いでいる人もいます。

レストランへ来られるお客様の話を聞いていても、超一流と呼ばれる仕事をしている方ほど、精力的に遊んでいる印象があります。どんなに忙しくても、定期的にプライベートの時間をきちんと確保して、ゴルフへ行ったり、海外旅行へ行ったりして、人生を謳歌されています。時間というのは、つくろうと思えばいくらでもつくれるものなのだなあと、つくづく感じます。

日常と切り離した生活をもつことは、体と心を休めるうえで必要です。

4.「和」の作法を見直す

第8章

「一流のおもてなし術」を身につけるための心得

心と体の話で言いますと、私は最近、「和」のおもてなしというものに、とても興味をもっています。茶道、華道といった「和」の心で作法をされている人たちは、みなさん所作が非常にきれいです。背筋の立ち方や歩き方が凛としていて、佇《たたず》まいが美しいのですね。10代の頃は西洋への憧れが強くて、日本文化には興味がありませんでした。京都へ行ってお寺を見ても、そのよさに気づきませんでした。

それが先日、たまたま京都で、茶道を体験する機会がありました。そのとき、心がしっかりしていなければ、綺麗なお点前ができないことを知ったのです。技術でお茶を点てるのではなくて、無になって、心でお茶を点てる。そんな不思議な意識をもちました。

そのときは洋服で参加したのですが、和服を着て、本格的にその作法を学んだら、きっとまた違う自分が見えてくるのではないかと思ったのです。

西洋のマナーは、これまでお話ししてきたように、相手に不快感を与えないためのマナーです。けれども、和のおもてなしはもっと奥が深く、相手に心地良い時間を過ごしてもらいたいという思いやりや、相手への深い心遣いに基づいたものであるような気がします。

ですから、心が伝わるマナーの極意を身につけるためには、西洋のマナー本で勉強するよりも、茶道や華道から学べる部分が多いかもしれません。とくに、日本人の場合は、そのほうが適していると思います。私自身、いつか「和」の伝統を学びたいと思っています。

振り返ってみれば、そもそも私の日常の立ち居振る舞いのベースは、西洋のマナーではなく、両親の影響を大きく受けています。父親は作法に厳しい人で、食べ方、話し方、言葉遣いなど、あらゆる所作について、小さい頃から注意されて育ちました。

食事の仕方では、「足を組んで食べるな」「テレビを見ながら食べるな」「ひじをつくな」「お茶碗は必ず持ちなさい」という感じです。それに対して反発する気持ちはなく、当たり前のこととして受け止めてきました。

父方の祖父は、戦時中に海軍の駆逐艦の艦長を務めたような人でしたから、父親自身、とても厳しく育てられたようです。祖父は鎌倉で座禅の師範のようなことをやっていましたので、私が「和」の世界に惹かれるのは、もしかしたら、その辺にルーツがあるのかもしれません。

厳格な父も今は71歳になり、定年後は家でのんびり過ごしています。先日、久しぶりで実家へ帰ったら、ひじをついてごはんを食べていました。もうすっかりおじいちゃんになったのだな、と少し微笑ましく思いました。

5．おもてなしの世界は終わりがない

NHKの『プロフェッショナル　仕事の流儀』（2013年4月1日放映）に出演させていただいたとき、「プロフェッショナルとは？」という質問に対して、「目標や夢を達成するために、身も心も削って過去を顧みず常に前進する人」と答えました。

私がこの仕事を20歳で始めたとき、仕事はきついうえに、給料はそれほど良くなく、休みも少ない。ですから、辞めていく人がたくさんいました。今でも離職率が高いのですが、私自身、「もうやってられない」と思ったこともありました。

それでも、なぜ今日まで踏みとどまって頑張ってこられたのかというと、ほかでもなくサービスマンの仕事が好きだからです。そのひとことに尽きます。好きで選んだ仕事ですから、どんなに忙しくても、最高のサービスをお客様に提供するうえで必要な努力は惜しみません。

2012年に、フランス料理のサービスマンにとって、ワールドカップのような存在である「クープ・ジョルジュ・バティスト」サーヴィス世界コンクール東京大会で優勝し、「世界一のメートル ドテル」の称号をいただきました。このような名誉にあずかれたのも、すべてお客様にもっと喜んでいただきたい、お客様に感動していただけるようなサービスを提供したい、という想いが原動力としてあったからです。

自分が「こんなサービスを受けたいな」と思ったら、それを実践する。とてもシンプルなことです。ただし、そのシンプルなことを成し遂げるためには、日々の努力が欠かせません。若いスタッフにも、いつも仕事の意味を考えて、基礎を極めることが大切だという話をよくします。当たり前のことを、当たり前のようにできるようになることが、とても重要なのです。

そして一方で、楽しむ心を忘れないようにしようと心がけています。気持ちを伝える仕事ですから、自分自身が楽しまないと、お客様を楽しませることはできません。

どのような分野においても、超一流になるには、もって生まれた才能もさることながら、日々の努力を怠らずにストイックな生活をし、それを辛いと思うのではなく、大いに楽しむことにあるように感じます。

サッカー好きの私は、小さい頃から三浦知良選手（カズ選手）のファンだったことは、6章でお話ししました。カズ選手は、若い頃からずっと、毎日厳しいトレーニングを重ね、一方で日常生活もしっかり管理して、勝つための心身を維持してきたと聞きます。

そんなカズ選手の姿を見て、若い選手が「自分も頑張ろう」と奮起すれば、チーム全体の力が上がって勝利につながっていきます。それがさらにファンを感動させて、観客動員数を伸ばし、結果的にクラブ全体の売り上げにもつながっていく。まさに「三方よし」です。カズ選手の活躍は、誰にとっても喜びにつながっているわけです。これが「超一流」と呼ばれる人の生き方だと思っています。私も、そんな生き方を目指しています。

おもてなしの世界は終わりがない。もっと自分自身どんどん発展させていきたいと思っています。

おわりに

先日、とても印象に残るお客様がいらっしゃいました。

お母様と息子さん2人の、親子3人で来店されたお客様でした。私が2013年に出演したNHKの番組『プロフェッショナル　仕事の流儀』を観てくださったそうで、長男の方が20歳になったお祝いに、レストランへ来られたということでした。

予約をされたときに「宮崎さんにサービスをしてもらいたい」というリクエストをいただいていたので、私の担当するテーブルに席をご用意して、いろいろお話をしていました。すると、長男の方がふいに「自分もサービスマンの仕事につきたい」と言ってくれたのです。

私はとても嬉しくなって、成人のお祝いとしてプレートをお出しして、「もう一つプレゼントがあるんです」とお伝えしました。「君がこういう仕事をしてくれるのだったら、この本が役に立つかもしれない」と言って、以前私が書いた本をプレゼントしたのです。

そうしたら、本人だけでなく、お母様も涙をぽろぽろ流して喜んでくださいました。その姿を見て、私もなんだか胸が熱くなってきて、お見送りをする際、次男の方に「君は17歳だから、3年後にまた会おうね」と約束しました。

こんなふうに喜んでいただけると、サービスマンとしての冥利に尽きます。決して特別な演出をしたわけではないのです。静かにお話をするなかで、自然にそうした流れになったのです。とても心に残るひとときでした。

レストランの仕事は、やっていることは基本的には毎日同じです。けれども、いろいろなお客様が来られるので、その日その日で新しい出会いや発見があります。「今日はこんなことがあった」という喜びが日々あって、毎日が新鮮で楽しいのです。

人との出会いというのは、奇跡のようなものだと思っています。世界には数十億人もの人がいるわけですが、その中でわずかな時間でもお会いしたり、お話ししたりできる機会をもてるというのは、とても大切なことです。

ですから、レストランに来てくださるお客様一人ひとりに対して、お会いできたことにまず感謝し、同じ空間でひとときの時間を共有させていただける喜びを、いつもかみしめています。

「あなたにお会いできてよかった」――この想いこそ、おもてなしの原点だと思っています。

3人のご家族にお会いしたあと、ふと、自分の両親にも「あなた方の子どもでよかった」と、今度会ったら伝えよう、そう思いました。

2015年11月

宮崎　辰

装丁：坂川栄治＋坂川朱音（坂川事務所）
取材協力：株式会社フォーシーズ
編集協力：小林　みゆき
本文イラスト：イラストデポ
帯写真：清瀬　智行

宮崎　辰（みやざき・しん）

1976年、東京都国分寺市生まれ。高校卒業後、辻調理師専門学校に入学。1996年、同校のフランス校へ進学。ミシュラン１つ星レストラン等での研修を重ね、1997年に帰国。東京国分寺「シェ ジョルジュ・マルソー」、芝「クレッセント」、六本木「グランドハイアット東京」、銀座「オストラル」、青山「ピエール・ガニェール・ア・東京」を経て、2010年に恵比寿「シャトーレストラン ジョエル・ロブション」にメートル ドテルとして入社。同年、第14回メートル・ド・セルヴィス杯で優勝。2012年11月、「クープ・ジョルジュ・バティスト」サーヴィス世界コンクール東京大会で優勝し、「世界一のサービスマン」となる。『プロフェッショナル　仕事の流儀』（NHK総合テレビ）ほか、多くのメディアに取り上げられる。主な著書に『世界一のおもてなし』（KADOKAWA）、『世界一のメートル・ドテルだけが知っている、好感を持たれる60のコツ』（マガジンハウス）。

一流のおもてなし術　メートル ドテル宮崎辰の流儀

2015年12月15日　初版印刷
2015年12月25日　初版発行

著　　者　宮崎　辰
発 行 者　大橋　信夫
発 行 所　株式会社 東京堂出版
〒101-0051　東京都千代田区神田神保町1-17
電　話　(03)3233-3741
振　替　00130-7-270
http://www.tokyodoshuppan.com/
D　T　P　株式会社 オノ・エーワン
印刷・製本　株式会社 東京リスマチック

ISBN978-4-490-20927-3 C0034